LES FORTIFICATIONS

DE

BÉTHUNE

à travers les âges

TROISIÈME ET DERNIÈRE PARTIE

UNE PAGE D'HISTOIRE CONTEMPORAINE

Béthune sous l'occupation étrangère
1878-1888
L'Élection municipale du 1er Mai 1892
Vingt ans après
Moralité

Par E. BÉGHIN

BÉTHUNE
IMPRIMERIE ET LIBRAIRIE A. DAVID
12, Rue du Pot-d'Étain, 12.

1902

LES FORTIFICATIONS

DE

BÉTHUNE

à travers les âges

TROISIÈME ET DERNIÈRE PARTIE

UNE PAGE D'HISTOIRE CONTEMPORAINE

Béthune sous l'occupation étrangère
1878 - 1888
L'Élection municipale du 1er Mai 1892
Vingt ans après
Moralité

Par E. BÉGHIN

BÉTHUNE
IMPRIMERIE ET LIBRAIRIE A. DAVID
12, Rue du Pot-d'Étain, 12.

1902

BÉTHUNE

SOUS

L'OCCUPATION ÉTRANGÈRE

(1878-1888)

Les personnes curieuses qui, plus tard, consulteront les journaux et les gravures publiés à Béthune pendant les diverses périodes électorales de 1878 à 1898 et qui s'en rapporteront aux termes de ces articles, se demanderont certainement de quelle catégorie d'individus sortaient les candidats à des fonctions enviées et considérées jusqu'alors comme honorables ; en conséquence, s'il est permis de juger d'après les élus qui forment naturellement le dessus du panier, que pouvait valoir le fond, c'est-à-dire les électeurs ! Les conseillers municipaux sont représentés sur ces gravures sous la forme d'oies en train de dévorer les ressources budgétaires de la commune, le Maire et ses adjoints sous celle de dindons majestueux, le col orné de nombreuses décorations. Les attaqués, les repus comme ils sont appelés dans ces libelles, répondent à leurs adversaires par d'autres gravures dont une représente un fougueux journaliste monté sur un chameau plus ou moins symbolique. Des deux côtés, le mur de la vie privée est escaladé au grand détriment de la morale, les voiles discrets sont arrachés ; des deux côtés on se reproche les choses les moins avouables. Le chef suprême de la police des mœurs à Béthune est représenté lui-même assis dans un café, entre deux demoiselles de moyenne vertu. Les bons esprits sont affligés de la licence éhontée de ces publications et en interdisent l'accès de leurs habitations.

Ces critiques acerbes, évidemment fort exagérées, furent encore plus violentes aux élections de 1896 et de 1898 ; elles indiquent bien la situation des esprits dans notre ville en ces moments troublés. C'est en vain que les heureux du jour, qui pouvaient se croire enracinés au pouvoir, poussent des clameurs désespérées et indignées de la violence employée par la bande socialiste qui vient à son tour réclamer sa part du gâteau. Le public reste insensible et moqueur car, si les victimes ont changé, la tactique est en réalité restée la même : les violences inaugurées en 1878 se retournent vingt ans après contre les vainqueurs d'alors. Et c'est bien à tort que ceux-ci se plaignent de l'insuccès de leur candidature au corps législatif : ne sont-ce pas eux encore qui, pour faciliter l'élection de M. Haynaut, ont distrait de la circonscription de Béthune le canton de Laventie et l'ont remplacé par celui d'Houdain, mettant ainsi les intérêts sacrés de notre ville entre les mains des ouvriers mineurs ? Ces derniers profitèrent naturellement de cette bonne aubaine pour envoyer au Parlement deux des leurs : un ouvrier mineur et un ex-cabaretier. Tous les journaux ont parlé de l'attitude étrange et peu parlementaire de nos deux députés dans la séance du 25 octobre 1898 *(a)*. Seuls du Nord et du Pas-de-Calais, ils votèrent constamment en faveur de Dreyfus.

« Comment en un plomb vil l'or pur s'est-il changé ! » Comment notre ville, d'une correction et d'une dignité si parfaites naguère encore sous l'administration hors de pair de M. Dellisse-Engrand, est-

(a) « L'orateur est interrompu par un violent tumulte : c'est le député *Basly* qui, se levant de sa place, se précipite vers un de ses collègues et cherche à le frapper à coups de poing et de pied. Les voisins des deux députés séparent avec peine les deux adversaires ». (*Petit Journal*, 26 octobre 1898).

elle arrivée, en quelques années, à un état si fâcheux de désinvolture morale. On comprend aisément notre hésitation à répondre à cette question fréquemment posée car, pour le faire, il faut entrer dans une mêlée dont il est toujours permis de craindre les chocs, et faire de l'histoire contemporaine.

Nous traiterons cette période, si curieuse malgré sa brièveté, de notre histoire locale avec le plus de ménagement possible, ne citant que les noms absolument nécessaires à l'intelligence des faits ; nous relaterons simplement les faits saillants, les appuyant de témoignages de contemporains, sans nullement avoir la prétention de vouloir expulser du Temple de nos libertés communales les marchands cosmopolites. Dieu lui-même, après les avoir chassés, les a laissés rentrer dans le sanctuaire ; et, comme nous sommes actuellement, en 1899, en pleine juiverie avec Panama et Dreyfus à la clef, il est permis de penser que, dans sa grande sagesse, il a semblé nécessaire à l'Etre Suprême d'infliger à la ville de Béthune une huitième plaie d'Egypte laquelle, sous le rapport financier, sera longue et difficile à guérir.

L'agrandissement de la ville, à la suite de la démolition de ses fortifications, en a non seulement modifié complètement l'aspect mais, comme il fallait s'y attendre, a apporté la plus grande perturbation dans l'esprit et les mœurs des habitants. C'est le cas de dire que l'ancien Béthune a cessé d'exister pour faire place à une ville nouvelle. Les nombreux ouvriers étrangers attirés en masse *(a)* par les travaux considérables qui s'y faisaient ne se confondirent que peu à peu avec l'ancienne population et, pendant que cette fusion s'opérait, ils devaient être une proie facile aux pro-

(a) La population de Béthune qui, en 1860, était de 7275 habitants, s'est élevée successivement : en 1869, à 8178 ; en 1874, à 8410 ; en 1876, à 9515 ; enfin en 1881, à 10374.

messes fallacieuses dont ne manquèrent pas de les bercer certaines personnes, étrangères pour la plupart à notre ville et complètement ignorantes, semble-t-il, de ses vieilles traditions. Nous serons donc tout naturellement amenés à donner à ce chapitre destiné à compléter l'ouvrage sur les *Fortifications de Béthune à travers les âges*, le titre de :

L'OCCUPATION ÉTRANGÈRE

En 1870, la lutte commence contre l'administration municipale en fonctions; ses adversaires sont repoussés au scrutin des 6 et 7 août de cette même année; mais, un mois après, nous trouvons quelques inconnus qui ont su se faufiler dans les rangs de l'administration municipale provisoire nommée par le Préfet. Mettant à profit les désastres de la Patrie, ces derniers s'insinuent avec leurs compagnons dans l'hôtel-de-ville qui leur est ouvert. Un d'entre eux a pris la tête de la colonne et a le flair de se ménager dans notre vieil édifice, un gite où il reviendra à plusieurs reprises ; nous l'y avons connu longtemps. Bien qu'il soit, par son origine, étranger à la localité, il a eu longtemps le talent d'y occuper une haute situation politique. Il ne manqua du reste jamais une occasion de se poser en fondateur et sauveur de la République dans le pays ; c'est sa spécialité, sa marque de fabrique, elle en vaut une autre.

La mesure radicale prise en 1870 par le gouvernement provisoire de substituer les minorités turbulentes aux élus du suffrage populaire, créait à Béthune une situation anormale qui ne pouvait durer, dans notre pays d'Artésiens *têtes de chiens*, que le temps de l'invasion prussienne ; après la libération du territoire français, il fallut bien enfin consulter les électeurs qui, le 30 avril 1871, chassèrent ces intrus qui n'avaient pas leur confiance et leur avaient été imposés. Cependant leur passage à l'hôtel-de-ville resta marqué d'une bien vilaine action : certes en septembre et octobre 1870, la compagnie de sapeurs-pompiers qui ne passait pas pour être dévouée à l'administration municipale provisoire, était nombreuse et son instruction ne laissait rien à désirer ; de plus son habillement n'était pas à la charge de la ville. On l'astreignit à fournir pour la garde de la ville un détachement aussi nombreux que celui des autres compagnies dont l'effectif était trois fois plus fort *(a)* et l'on divisa son contingent en le répartissant entre tous les postes. Peu après les hommes dévoués composant cette belle compagnie se découragèrent et donnèrent leur démission ; ceux qui demeurèrent fidèles au poste, retrouvant, en 1878, à la tête de l'administration, les personnes qui leur avaient été hostiles en 1870, se retirèrent à leur tour et, le 9 novembre 1878, la ville dut porter à son budget un crédit pour la reconstitution d'une nouvelle compagnie de sapeurs-pompiers avec habillement et équipement des hommes.

Pendant sept ans, de 1870 à 1877, le terrain électoral fut travaillé par des menées sourdes et des calomnies qui éloignèrent des affaires publiques les gens honnêtes et désintéressés qui consacraient leur vie au bien de la ville et des habitants, surtout de la classe laborieuse et des pauvres. Devant cette tactique que nous ne voulons pas apprécier, l'administration municipale, malgré tout son mérite, devait succomber aux élections du 6 janvier 1878 auxquelles elle ne

(a) A cette époque, la garde nationale sédentaire se composait de 986 hommes répartis comme suit : Pompiers, 86 hommes; 1re compagnie, 217 ; 2e compagnie, 237 : 3e compagnie, 207 ; 4e compagnie, 259.

présente pour la forme qu'une liste incomplète de seize de ses anciens membres. Les nouveaux candidats au Conseil municipal avaient été désignés en 1877 dans une réunion tenue dans un cabaret, sur une liste préparée à l'avance avec si peu de soin que l'un d'eux, ancien pâtissier, siégea à l'Hôtel-de-Ville pendant plusieurs années, sous un nom qui n'était pas le sien. On fit valoir en faveur de leur élection la part que la ville avait dans la nomination d'un sénateur ! Sans doute elle avait une part égale à celle des plus petites communes du département mais en ce moment, elle avait un intérêt local bien autrement puissant à méditer et à sauvegarder. Néanmoins toute la liste d'opposition fut nommée à une majorité relative, un grand nombre d'électeurs s'étant abstenu de prendre part au vote.

M. Hurbiez, ex-notaire, était le 21e sur la liste des élus, il fut cependant nommé Maire (19 février 1878) avec MM. Mahieu et Dupuich pour adjoints. M. Hurbiez, quoique assez peu sympathique aux ouvriers, était un homme d'un caractère doux et d'un abord facile ; comme plusieurs de ses collègues, il avait cru sauvegarder sa grande fortune et sa personne en les abritant sous les plis du drapeau démocratique déployé par le groupe des hommes nouveaux. Cette existence agitée n'était pas dans son tempérament et devait lui causer de bien fréquents froissements intimes; moins d'un an après son élévation au pouvoir, une inflammation dans la gorge l'emportait. Sa veuve garda le souvenir profond de ce triste évènement et, vingt ans après, en décembre 1897, elle fit, avec affectation, don à la société des Antiquaires de la Morinie à St-Omer, d'une collection de 2000 volumes rares et précieux traitant de l'histoire de l'Artois et de la Flandre. Si nous avons vu avec peine cette détermination, nous devons bien avouer, d'autre part, qu'alors que les musées des villes voisines voyaient s'accroître leurs richesses artistiques par les dons de l'Etat et des particuliers, les orages et les fluctuations de toute sorte qui ont agité la mairie de Béthune en ces quelques années dont nous retraçons les presque incroyables péripéties, ont dispersé le peu de curiosités qui s'y trouvaient et éloigné les donateurs. « Le « portrait du fondateur du musée de notre ville (a), « lui-même, enfoui sous la poussière, dans un coin, « la figure tournée vers le mur comme un collégien « aux arrêts, est dans un état pitoyable : un trou « béant s'ouvre entre le menton et les yeux ; le nez « est parti ; un autre trou remplace la main gauche ». Ce portrait était entré à la mairie en 1878. (*Une visite au musée.* — *Revue Artésienne* des 20 novembre et 4 décembre 1885. Voir aussi l'*Echo de Béthune* du 8 mars 1885).

La nouvelle administration signala son début par le renvoi des petits employés. Voici ce que nous lisons à ce sujet dans le journal *Le Pas-de-Calais* du 8 décembre 1878 :

« La municipalité républicaine de Béthune vient « de renouveler le personnel de la mairie en ren- « voyant sans pitié de bons et fidèles employés jouis- « sant de l'estime générale; en agissant ainsi, la mu- « nicipalité est dans son droit strict, mais elle a failli « à son devoir... Il est permis de penser et de dire « que congédier (et congédier sans aucune indemnité) « comme un valet infidèle notre employé de l'état- « civil qui compte 45 *années* de loyaux services et « qui peut en rendre encore, c'est une chose légale « oui, équitable, non. Il est permis de penser et de « dire que jeter dans la misère un homme qui, bien

(a) M. Legrand qui, en 1878, a laissé par testament à la ville son portrait et ses manuscrits.

« que privé d'une main, était parfaitement apte à « remplir son emploi de surveillant des travaux, c'est « une indignité. Voilà depuis six mois le malheu- « reux, sans travail, obligé de recourir aux secours « du Bureau de Bienfaisance. Ce n'est pas tout : « depuis le renvoi de ce surveillant des travaux, les « fonctions qu'il remplissait et ses douze cents francs « d'appointements ont été attribués à un *Belge* non « naturalisé. Notre municipalité, vous le voyez, ne « place pas l'amour de ses concitoyens au nombre « des vertus républicaines *(a)* ».

De même qu'il est utile pour l'exemple de récompenser les actions vertueuses, de même aussi l'on devrait signaler les personnes qui commettent des actes blâmables. Il est certain que nos édiles, en privant sans pitié de leur travail d'honnêtes et anciens employés, pères de famille, dont la femme de l'un d'eux, se voyant réduite à la misère, ainsi que son mari et leur enfant, est morte d'émotion et de chagrin, n'avaient pas présent à l'esprit que la fortune est inconstante et qu'un jour, pareil désastre pourrait atteindre un de leurs descendants. Un exemple de ce genre serait d'un salutaire effet. Heureusement pour certains de ceux-ci, la grande fortune que, durant leur vie, ils ont eu le bon esprit d'amasser les met à l'abri de toute crainte à ce sujet.

Aussitôt installée, la nouvelle municipalité crut rehausser son mérite en profitant de toutes les occasions pour dénigrer l'administration qui l'avait précédée ; les journaux reproduisant leur prose et leurs

(a) Un type, c'est le tambour de la Musique municipale, de *nationalité Suisse* celui-là, émargeant naturellement au budget de la ville, de plus employé de M. Hugot, conseiller municipal. Nous ne tarderons pas à voir ce tambour accompagné de certains membres de la Musique municipale et, à la suite de ceux-ci, de la lie de la population, prendre part à des bacchanales nocturnes, insultant les femmes sans défense. (*Journal de Béthune* du 8 août 1880). Où était donc la police municipale en ces temps d'excitation au désordre ?

délibérations sont émaillés des expressions de ville obérée, finances ruinées et autres aménités du même genre *(a)*. Trois ans après, au moment de se présenter de nouveau au suffrage des électeurs, la thèse change : d'une ville, à les entendre, obérée, tombée au dernier rang des communes de France, nos administrateurs ont fait une cité florissante ; ils ont réparé le désastre des finances et ont obtenu des excédents de recettes magnifiques. Comme le héros de Béranger, « ils sortent tricolores de leur retraite en criant bien haut qu'ils ont sauvé le pays ». Ce qu'il y a de vrai, c'est que tout en dénigrant l'administration de M. Dellisse, ils recueillent en ce moment les fruits de sa prévoyance pour les intérêts de la ville, détournant de leur destination des sommes dont l'ancien conseil n'avait consenti à grever le budget communal que dans l'intérêt vrai de la classe laborieuse. Plus tard nous verrons à quelle pitoyable situation financière il ont entraîné la ville.

Le renvoi des anciens serviteurs de la mairie et les critiques souvent mensongères, parfois injurieuses, dénaturant les actes de la précédente administration, ne furent pas sans influer d'une manière fâcheuse sur la santé de M. Dellisse-Engrand. Les deux dernières années de sa vie furent pour lui un douloureux calvaire. Le 19 juin 1880, M. Dellisse succombait sous le poids de l'ingratitude de ses concitoyens, laissant à la postérité le soin de juger son œuvre si parfaite de l'agrandissement et de la transformation de notre ville. A son décès, l'esprit public se réveilla ; tous les habitants indistinctement s'unirent pour rendre à leur ancien maire les plus grands honneurs ; ils lui

(a) Le 5 mai 1878, les membres de la municipalité déclarent, dans une note remise aux journaux de la localité « qu'ils n'acceptent la succession de M. Dellisse que *sous bénéfice d'inventaire* ». Mais, nous le demandons, quelle est la personne soucieuse de sa responsabilité qui voudrait bien, même avec cette prudente réserve, accepter leur succession actuellement ?

firent des funérailles splendides, récompense suprême d'une vie pleine de zèle, de dévouement et de générosité, consacrée au bien de la ville de Béthune. La municipalité nouvelle ne put rester étrangère à ce mouvement unanime de reconnaissance; le maire sollicita près de la famille l'honneur de prendre la tête du convoi mortuaire, accompagné de la musique municipale. Six ans après, nous voyons un certain nombre de membres de cette même musique faire un charivari nocturne devant la demeure de madame Dellisse Engrand sans que la mairie intervienne.

Le 16 avril 1882, à propos d'élections municipales complémentaires, nous constatons chez nos édiles un changement de front : ce ne sont plus la personnalité des anciens administrateurs et leur gestion financière qui fournissent le point d'attaque, c'est *la nécessité de s'opposer à l'établissement du* GOUVERNEMENT DES CURÉS !! (*Circulaire aux électeurs* de plusieurs candidats).

Dans un programme daté du 31 décembre 1877, en venant solliciter les suffrages des électeurs, les candidats de la liste d'opposition avaient affirmé qu'en politique ils voulaient l'application sage et progressive des principes de 1789, c'est-à-dire une République respectueuse des idées d'ordre et de religion ; qu'en administration, ils répudiaient le système des emprunts qui ruine les finances municipales et grève les habitants, surtout les ouvriers et les commerçants, des lourds impôts de l'octroi. Quant à la religion et à l'intérêt que leur inspirent les pauvres, leurs actes répondent pour eux ; nous y reviendrons. Bien loin de supprimer les droits de place sur les marchés de la ville, ils les augmentèrent considérablement : ainsi sur le marché aux chevaux et aux bestiaux, la taxe a été doublée (*Délibérations des 6 novembre et 21 décembre* 1878). Plus tard les habitants de la Grand'Place et de la place Saint-Vaast sont obligés d'avoir recours au juge de paix *(a)* qui, par jugement du 24 septembre 1885, leur donne raison et annule un arrêté du maire entravant le commerce local. Après avoir surimposé du droit de place les grains et les légumes amenés sur les marchés par les cultivateurs, on prélève encore un droit de stationnement sur leurs voitures *(Conseil municipal*, 22 août 1887 et *Revue Artésienne* du 28 du même mois). Les fermiers des environs ne veulent plus amener de grains sur la place de Béthune et la diminution considérable de nos marchés ruine le commerce de la ville *(b)*.

Etait-il un impôt de consommation qui pesât plus lourdement sur les habitants que celui sur le charbon taxé à dix centimes l'hectolitre et qui devait disparaître naturellement ainsi que certaines surtaxes d'octroi au moment où le projet d'agrandissement de l'hospice était abandonné *(c)*? Pourquoi, cet abandon décidé, avoir jusqu'au 1er janvier 1888, continué à percevoir cette contribution dont le produit total à cette époque, soit *cent soixante-cinq mille francs,* aurait suffi amplement à conduire à bonne fin les travaux projetés ! C'est que l'intérêt des pauvres malades paraît être un des moindres soucis de nos nouveaux administrateurs.

Ce fut le 5 juillet 1878, dans une de ses premières séances après son installation, que le conseil municipal, tout en conservant la taxe sur le charbon, a prononcé *l'annulation et l'abandon complet du projet*

(a) Echo de Béthune, 2 août 1885.

(b) Doléances et requêtes du commerce local à MM. les conseillers municipaux. — *Revue Artésienne*, 18 mars 1887.

(c) Dans un argument pour la suppression de l'impôt sur le charbon, « M. « Caillièrel, conseiller municipal, se souvient d'avoir entendu dire, autrefois, *par* « *des membres de la Municipalité nouvelle*, dans une réunion électorale tenue dans « un cabaret du faubourg de la Porte-Neuve, que l'impôt sur le charbon était « inique et qu'il fallait l'abolir. *C'est grâce à cette déclaration et à d'autres du* « *même genre que nous sommes sortis victorieux de la lutte* », ajoute-t-il *(séance du Conseil municipal* du 16 août 1887, *Revue Artésienne* du 19 du même mois).

d'agrandissement de l'hospice. Il fut décidé que le terrain attenant à cet établissement, réservé pour son aération et la construction de nouveaux bâtiments destinés à répondre aux nécessités de l'accroissement de la population ouvrière, serait soumis à une adjudication publique à bail si la commission administrative de l'hospice ne voulait mettre un prix équivalant à la valeur locative des terrains voisins.

En présence de cette fâcheuse décision, nous nous reportons avec intérêt aux motifs invoqués à l'appui de la délibération du Conseil municipal du 22 mai 1876 qui avait reconnu l'urgence des travaux d'amélioration et d'agrandissement des salles de malades à l'hospice, ainsi que la construction d'un bâtiment pour le logement des religieuses reléguées sous les combles, dans des cellules glaciales en hiver et inhabitables en été à cause de la chaleur. Les élus de 1878 jugèrent que les pauvres infirmes pouvaient attendre ! les malheureux attendent encore et cela depuis plus de vingt ans ! Cependant l'extrême urgence de l'amélioration des locaux de notre hospice était indiscutable et la question se trouve aujourd'hui remise sur le tapis. Tous les journaux de notre ville mentionnent les démarches faites par M. Legillon, le sympathique maire de Béthune, à l'effet d'appeler l'attention du gouvernement sur L'ÉTAT MISÉRABLE DE NOTRE HOSPICE (*Journal de Béthune* du 24 novembre 1901).

En attendant, à l'exemple de l'empereur romain qui réclamait à Varus ses légions disparues, il n'est pas hors de propos de demander à nos édiles d'il y a vingt ans : *Qu'avez-vous fait des* 165.000 *francs destinés spécialement à la reconstruction de notre hospice?* En effet, sous leur administration, tous les travaux d'une certaine importance ont été effectués au moyen d'emprunts et cette somme énorme n'a pu être employée qu'en dépenses ordinaires.

Le 1er janvier 1881, à la veille des élections municipales, une satisfaction parut être accordée à l'attente générale. Les articles dont la nomenclature suit furent supprimés du tarif de l'octroi : les vinaigres, les fromages secs, les conserves, fruits confits, olives et capres ; fruits secs de table, tels que : raisins, figues et prunes ;. l'huile à brûler, les savons de toilette et la parfumerie, les vernis de toutes espèces, enfin les couleurs et essences de toute nature. Certainement les ouvriers devaient bénéficier bien peu de ces réductions minimes de taxes ; elles profitaient uniquement à la classe aisée et aux personnes achetant en gros. C'était évidemment un trompe-œil. Nous ne nous arrêterons pas à la réduction ridicule de dix centimes par hectolitre de bière.

Gâtés par un succès inespéré, nos administrateurs pouvaient supposer que rien ne devait plus leur résister : les commissions administratives du Bureau de bienfaisance, de l'Hospice, des Ecoles et autres établissements publics furent réorganisées et ils en occupent les sièges ; leurs dames prennent place au comité de la salle d'asile et au balcon de l'hôtel-de-ville. Soit pour inspirer une salutaire terreur, soit pénurie de personnes honorables sur lesquelles ils eussent pu compter, ils s'entourèrent de gens les plus antipathiques : l'un a subi un mois de prison pour coups portés à son père : ils le déléguent pour représenter le Conseil municipal dans les écoles publiques et, en son nom, morigéner la jeunesse.

Nous avons vu précédemment les causes de la décadence et de la dissolution de la Compagnie des Sapeurs-Pompiers, enfin sa réorganisation par voie de recrutement en prévision d'un effectif de 150 hommes habillés et équipés au frais de la ville, votée le 9 novembre 1878. Nos braves conseillers municipaux se décidèrent à occuper eux-mêmes les postes d'officiers. M. Outrebon, qui avait fait précédemment partie de la fanfare des pompiers, fut nommé capitaine-commandant ; M. Deguisne devint capitaine en second ; M. Hanicotte, capitaine, président honoraire de la fanfare; M. Delhaye père, sous-lieutenant ; M. Dégez offrit son fils comme lieutenant, et le beau-frère de M. Hanicotte obtint le même grade. Les employés de la Mairie devinrent eux-mêmes sergent-major, sergent, etc.. Enfin ce fut une véritable fête de famille. Le 22 avril 1888, à la veille des élections, cet état-major fut renforcé du fils de M. Mahieu et de deux neveux de M. Outrebon promus sous-officiers et, quelques mois après, élevés aux grades de lieutenant et de sous-lieutenant.

La Croix! La Croix! c'est le cri du jour ; tous veulent être crucifiés ! Quel beau coup d'œil aurait présenté une jardinière de coquelicots dans la salle du Conseil municipal ! Le Gouvernement demeura, pour le moment, inflexible aux demandes de Croix d'Honneur, malgré les supplications des intéressés ; cependant, plus tard, on eut la satisfaction d'inaugurer à l'hôtel-de-ville un calvaire des plus complets entouré d'une plate-bande de violettes avec bordure tricolore. La « Croix des braves » fut décernée à MM. Haynaut, Hanicotte et Mahieu-Sauvage, le premier représentant le Bon Dieu, les deux derniers, ses deux compagnons de supplice.

Ce fut sans étonnement et même avec une joie communicative que l'on vit, à l'occasion du Nouvel An 1884, M. Mahieu nommé *Officier d'Académie!* Toute la ville riait encore, même M. Aristide Mahieu, assure-t-on, en janvier 1887, à la nouvelle que les palmes académiques étaient décernées à M. Oscar Dupuich, maire et à M. Deguisne, adjoint. Aujourd'hui que le port d'un ruban quelconque est pour ainsi dire jugé obligatoire autant que l'instruction, par chaque citoyen le fait ci-dessus passerait inaperçu. En effet, la *Croix d'Honneur* a été accordée depuis à MM. Bar et Alphonse Outrebon, *ce qui a porté à cinq le nombre des Chevaliers de la Légion d'honneur sur nos vingt-trois conseillers municipaux.* Presque tous les autres membres du Conseil ont été promus *Chevaliers du Mérite agricole, Officiers d'Académie* et titulaires de *Médailles de sauvetage.* Les fonctionnaires municipaux en majorité ont reçu les *palmes académiques* et des *Médailles d'honneur.*

Nous ne dirons naturellement rien des petits et grands emplois réservés aux amis et connaissances. Ceci est monnaie courante à notre époque. Bureaux de tabac, places dans les administrations de l'Etat ou dans les administrations communales, tout cela est distribué libéralement. « Où peut-on être mieux qu'au sein de sa famille », se disent tout naturellement nos édiles, et la famille se case comme elle peut, dans les bons endroits. Il y en a pour tout le monde, sauf pour les Béthunois *(a).*

Les étrangers retranchés dans notre hôtel-de-ville, se sentant les maîtres suprêmes, nous traitent en pays conquis comme nous le verrons un peu plus loin à propos du Bureau de bienfaisance, du cimetière, de l'école des Frères, etc. Les salles de la mairie réservées pour les réceptions officielles, servirent exceptionnellement à des banquets où étaient fondées des entreprises industrielles *(b)* puisant dans cette espèce du patronage un éclat passager qui ne devait

(a) Un conseiller évalue la place de concierge du cimetière avec les avantages qui y sont joints, à 6000 francs et, sur un regret exprimé que le choix ne se soit pas porté sur un Béthunois, il ajoute : « *Y a-t-il parmi nous beaucoup qui soient nés à Béthune ?* » (Délibération du Conseil du 21 février 1895, *Petit Béthunois* du 26 du même mois).

(b) La Société de traction à vapeur pour le service du halage sur le canal est fondée par M. Haussmann, dans un banquet donné dans les salons de la mairie de notre ville.

pas tarder à s'évanouir au grand désespoir d'une foule de malheureux petits actionnaires.

Nous avons vu que M. Hurbiez, en 1878, bien qu'il fut un des derniers élus suivant l'ordre des suffrages obtenus (*a*), avait été choisi par ses collègues pour occuper le poste de premier magistrat de la ville : il dût, le premier aussi, abandonner les honneurs qu'il avait ainsi obtenus. Son décès, qui eut lieu le 18 février 1879, laissa une place difficile à remplir pour les membres du corps municipal et qu'aucun conseiller n'osait briguer. Enfin, après bien des pourparlers pour la forme certainement, un jeune avocat, M. Dupuich, second adjoint, finit par accepter la Mairie sous la réserve qu'aucune dépense résultant de la position de maire ne serait à sa charge et que les frais du dîner que ses prédécesseurs avaient l'habitude d'offrir au préfet lors de la tournée de révision des conscrits seraient supportés par les vingt-trois conseillers municipaux.

Ces réserves sont bien compréhensibles de la part d'un homme qui, débutant dans la difficile carrière du barreau, se trouve déjà chargé d'une nombreuse famille. Du reste tout n'est pas rose dans les fonctions de Maire, il faut tenir compte des désagréments, parfois des avanies qui viennent atteindre le Maire novice (*b*) avant qu'il n'ait pris l'accoutumance de sa

(*a*) M. Hurbiez était le 21e et M. Dupuich le 10e ; le 19 janvier 1881, M. Dupuich fut le 5e, M. Mahieu le 20e et M. Haynaut le 22e. Ce dernier ne voulut plus alors accepter les fonctions d'adjoint. Cette réserve ne fut pas imitée lors de l'élection du 4 mai 1884 par M. Dupuich, maire, le 23e élu, et M. Mahieu, adjoint, le 22e, c'est-à-dire l'avant-dernier de la liste (Voir *Courrier du Pas-de-Calais* des 7, 17 et 18 mai 1884). Le 6 mai 1888, la situation reste la même : M. Mahieu est élu 22e et M. Dupuich 23e.

(*b*) *Tribunal de Béthune, audience du 20 août 1885.*— Un nommé G..., âgé de 35 ans, ouvrier cordonnier à Béthune, se disputait avec un autre citoyen, lorsque passa M. le Maire de la ville de Béthune. Ce magistrat engagea G... à se taire, mais l'autre se retournant : « Toi, monsieur le Maire, s'écria-t-il, je

nouvelle position officielle *(a)*. Nous savons bien que certaines satisfactions viennent atténuer ce côté fâcheux : certainement M. Dupuich a dû trouver un dédommagement à ses peines dans l'accroissement considérable de sa notoriété à Béthune, grâce à ses fonctions de Maire. Il ne put également que se réjouir de la création devant sa propriété de la rue du Champ-de-Mars, en remplacement de celle qui devait relier la rue de la Porte-Neuve au faubourg d'Aire *(b)*. Cette chaussée dénommée par certains journaux l'***Avenue de Monsieur-le-Maire*** fut terminée et livrée à la circulation au commencement de 1883, tandis que le projet dans son ensemble ne fut complètement approuvé que le 28 mars 1887 par la Chambre des députés. A ce moment il ne pouvait plus être question d'enlever des arbres ayant quatre années de plantation, et de détruire une avenue qui avait coûté aussi cher et offrait tant d'avantages.

Les deux adjoints de M. Dupuich furent MM. Mahieu-Sauvage et Haynaut. Des visées politiques semblables ne tardèrent pas à désunir le trio Dupuich,

t'em... ». Et laissant là son antagoniste, il suivit M. le Maire jusqu'à son domicile et ne cessa de lui prodiguer les outrages, les menaces et même les violences. G... est condamné à 15 jours de prison (*Revue Artésienne*, 24 août 1883).

(a) Il serait intéressant de mettre en parallèle l'aspect de nos édiles sur leurs chaises ornées des armes de la ville, dans une séance à l'hôtel-de-ville, avec le tableau merveilleux qui, pendant la prise et le sac de Rome en 390 avant notre ère par les Gaulois s'offrit aux vainqueurs, les frappant d'une crainte superstitieuse, et arrêta un moment le carnage. Nos ancêtres trouvèrent les patriciens assis dans des chaises d'ivoire, aussi immobiles que des statues ; à leur air vénérable et plein de majesté, il les prirent pour des dieux et s'arrêtèrent saisis d'une admiration muette. Cependant l'un d'eux s'étant avisé de passer doucement la main sur la barbe blanche de Papirius, ce dernier le frappa de son bâton d'ivoire. Le Gaulois irrité le tua sur-le-champ et le massacre recommença.

Quel contraste entre l'attitude de Papirius et de ses collègues préférant la mort à la honte de la moindre atteinte à leur dignité et à leur honneur, avec celle de notre proconsul municipal, M. Mahieu-Sauvage, qui ne craignit pas de faire parade et d'étaler publiquement, en séance du Conseil municipal, le 20 mai 1888, « TOUTES LES AVANIES *qu'il a eu à subir depuis un mois* », c'est-à-dire durant toute la période électorale (Compte rendu de la séance, *Revue Artésienne* du 25 mai 1888).

(b) Délibération du 19 septembre 1881.

Mahieu et Haynaut qui se trouvèrent, tous trois, avoir chacun les qualités désirables pour faire un excellent conseiller général du canton de Béthune. M. Haynaut qui avait le caractère plus bouillant et savait moins dissimuler ses désirs, fut tracassé par ses deux acolytes ; le 24 février 1881, ainsi que nous l'avons dit précédemment, il refusa de reprendre ses fonctions d'adjoint au maire et fut remplacé par M. Deguisne, né à Saint-Omer, comme ses collègues nouveau venu à Béthune. M. Deguisne, fort de sa position de conducteur des Ponts-et-Chaussées, eut, avec le titre d'Ingénieur civil, la haute main dans les travaux d'art. Il organisa à l'hôtel-de-ville un Bureau des travaux avec un personnel aussi nombreux et aussi coûteux que dans les grandes villes.

Sous cette administration qui comptait cependant deux anciens élèves du séminaire et un élève de Saint-Bertin et peut-être à cause de cela, tout ce qui touchait à la religion eut particulièrement à souffrir *(a)*. Lors de la première Révolution en 1793, ce furent encore des Oratoriens qui, pour faire oublier leur passé, firent le plus de tapage au Temple de la Raison *(b)*.

Ces étrangers à notre ville, étrangers aussi aux traditions de notre gloire passée, mais fidèles à des principes antireligieux dont nous n'apprécions pas bien le but, affectaient le mépris des morts ; ils ne se firent pas scrupule de jeter au vent les cendres de nos ancêtres.

(a) Citons M. Hugot, cordonnier et conseiller municipal, né à Béthune celui-là. Il demanda la suppression, sur les plaques indicatrices des rues, de tous les noms de saints, dont la vue seule l'offusquait (*Délibération du Conseil Municipal du 15 décembre 1884*). Nous nous rappelons cependant qu'avant 1878, les nombreux ouvriers de M. Hugot n'avaient garde, et pour cause, de manquer à la messe solennelle qu'il faisait célébrer chaque année à l'église Saint-Vaast, le jour de la fête de Saint-Crépin.

(b) Blaimont, président de la Société populaire, Badolier, Balland, Dupont et Goblet, tous cinq ex-Oratoriens à Béthune. (Voir nos précédentes publications : *Histoire de la ville de Béthune*, p. 114 et *Béthune sous la période révolutionnaire*).

Que d'autres aillent au Pérou chercher du guano! Notre administration municipale a trouvé mieux, plus près et infiniment supérieur en qualité pour faire pousser les arbres qui doivent ombrager nos boulevards. Notre ancien cimetière établi au commencement du VIe siècle par Saint-Vaast et dans lequel on enterrait encore il y a cinquante ans, offrait à cet égard une mine des plus riches dont se hâtèrent de profiter les gens pratiques qui, en 1883, avaient la direction de notre ville. Le travail fut mené rondement et avec si peu de soins que l'on ne trouvait plus dans les rues de Béthune que des têtes et autres ossements humains que des chiens dévoraient ou qui servaient de jouets aux enfants inconscients. Dans les déblais, des parties de squelettes restaient à découvert abandonnées aux regards des curieux. Ce spectacle douloureux émotionna au plus haut degré la population de Béthune : tous les journaux de la localité *(a)* réclamèrent avec la plus grande énergie contre cette insulte faite aux restes vénérés des parents qui nous ont connus et aimés, qui sont, de notre part, l'objet du respect le plus profond. Depuis, une légende s'est établie : certains prétendent que dans la nuit du 1er au 2 novembre, chaque année, en ces jours où un fluide mystérieux non encore défini fait communiquer l'esprit des vivants avec celui des chers êtres disparus *(b)*, le vent qui souffle à travers les branches

(a) *Revue Artésienne*, 2 mars ; *Journal de Béthune*, *Petit Béthunois*, *etc.*, du 4 mars 1883. Dans ce dernier journal, M. Haynaut dégage sa responsabilité dans un article intitulé : RESPECT AUX MORTS !

(b) Cette croyance très ancienne a ses adeptes ; nous devons dire que personnellement nous n'ajoutons pas foi aux racontars de gens souvent d'un esprit borné qui, sous prétexte de spiritisme, ont la prétention de faire comparaître les morts et même parfois de jouer aux cartes avec eux. Nous pensons que Dieu, en nous cachant l'au-delà de la mort, a voulu compléter son œuvre si parfaite en nous laissant l'espérance suprême en sa bonté infinie. Quoi qu'il en soit, il est certain qu'il existe une électricité animale comme il y a une électricité terrestre, les deux ne formant peut-être qu'un seul élément. Nous possédons la télégraphie aérienne sans fil conducteur, à longue distance, de même l'électricité humaine existe : un être à distance peut impressionner un autre être, ce qui explique que certains faits

des arbres de la Grande-Avenue du Chemin de fer, fécondés par le *terreau* du cimetière de Catorive, porte au loin les accents plaintifs des ombres de nos ancêtres privées de la visite de souvenir annuelle de leurs enfants. Des croyants répondent en se signant à ces lugubres lamentations :

« Pauvres morts ! que Dieu accorde à vos âmes le « repos éternel que vos restes n'ont pu trouver sur « terre ! ».

Les faits ci-dessus eurent l'avantage de mettre en lumière l'incurie qui régnait au cimetière communal : le 2 mars 1883, au soir, à l'arrivée d'un convoi, la fosse n'était pas préparée, pas même commencée ; les Charitables durent attendre qu'un ouvrier, mandé en toute hâte, eut procédé à la sinistre besogne. Une fosse où la veille un cercueil avait été descendu n'était même pas comblée *(a)*. Il avait donc passé deux jours et une nuit exposé à la profanation.

Pendant ce temps, les fêtes de nuit se succèdent au Jardin public : Vénus vient publiquement y étaler ses charmes ; le gaz que l'on y brûle les longues nuits d'hiver *(b)*, semble former autant de flambeaux en l'honneur de la déesse du plaisir facile. La triste célé-

qui nous touchent particulièrement, nous sont révélés par une commotion soudaine et que nous éprouvons des pressentiments de l'approche de certaines personnes que nous ne tardons pas à voir.

(a) Journal de Béthune, 4 mars 1883.

(b) « Nous nous faisons ici l'écho des observations de la plupart de nos concitoyens « qui trouvent que c'est un abus d'éclairer tous les soirs le Jardin public jusqu'à « une heure avancée. Qui donc peut avoir la pensée, dans cette saison, d'aller se « promener et visiter le Jardin public dès que la nuit est arrivée ? Que les allées « ou avenues collatérales soient éclairées, c'est indispensable, il s'agit de la voie « publique, mais le jardin lui-même, c'est par trop ; si encore il se trouvait au « milieu de Béthune, comme cela a lieu dans certaines villes, nous comprendrions « qu'on ne puisse le laisser dans l'obscurité ; mais ce n'est pas ici le cas et nous « pensons que dans l'intérêt des mœurs, comme dans celui de l'entretien du jardin « lui-même, on devrait en fermer les portes à la nuit close, comme cela a lieu du « reste en été ». (*Revue Artésienne* du 26 janvier 1883).

brité de notre Jardin public en ce temps de relâchement et de désordres s'étendit, par la suite au loin. En 1886, un conseiller municipal de Cambrin est condamné à deux cents francs d'amende pour attentat aux mœurs commis à une heure de l'après-midi dans l'urinoir du Jardin public; sa complice venue exprès de Beuvry pour exercer son petit commerce, est condamnée à vingt francs d'amende (*Pas-de-Calais* et l'*Avenir d'Arras*, 14 novembre 1886). Pour rendre moins sensibles les dépenses de ces fêtes nocturnes, l'Administration taxa à dix centimes le droit de place sur les bancs dans tout le périmètre du jardin pendant les concerts. Le malheureux ouvrier, fatigué du rude labeur de la journée, qui ne pouvait se payer le luxe d'une chaise, avait à sa disposition un banc sur lequel il pouvait faire asseoir à ses côtés ses petits enfants : la famille honnête, mais pauvre dut se priver souvent de cette légère satisfaction. Néanmoins cet état de chose ne fut pas sans exciter de vives plaintes *(a)*; ajoutons que parfois la police dut intervenir énergiquement *(b)*. Aujourd'hui notre Jardin public surveillé constamment par des gardiens spéciaux, a retrouvé son public d'habitués; les dames peuvent s'y promener dans la journée en toute sécurité et apprécier les qualités exceptionnelles de ce lieu délicieux, créé de toutes pièces au moyen de remblais dans des marais pleins d'eau. Par l'étonnante fertilité de son sol autant que par sa situation, l'on croirait que l'architecte tenait la Bible en main lorsqu'il a fait le plan de ce *paradis terrestre*. De même que son modèle était fer-

(*a*) Est-il juste de faire payer un droit de place aux personnes qui s'installent sur les bancs disséminés dans le jardin?... Dans aucun square, parc ou jardin, à notre connaissance, on n'exige un impôt semblable. C'est encore là une innovation que toutes les villes doivent nous envier ! (*Revue Artésienne*, 19 septembre 1884).

(*b*) *Journal de Béthune* du 4 novembre 1883.

tilisé par quatre grands fleuves (*a*), il forme le centre d'un territoire arrosé d'une rivière qui l'entoure complètement en prenant successivement quatre noms différents : la *Brette* du côté d'Annezin; la *Blanche* avant son entrée en ville; le *Pélart* pendant la traversée de notre cité; la *Lawe* à son point de rencontre avec la Brette. Les charmants concerts que l'on donne dans ce jardin trois fois la semaine, complètent l'illusion et ajoutent à l'harmonie de la nature.

Le charbon du gaz brûlé si inutilement la nuit au Jardin public, aurait trouvé un bien meilleur emploi à chauffer le *Violon*, cave où l'on enfermait alors les malfaiteurs, transformée en auberge pour les voyageurs indigents! constate un journal de la localité (*b*).

Nous avons parlé précédemment du triste rôle rempli par certains membres de la Musique municipale et par leur fameux tambour suisse : ce n'étaient que promenades civiques à la gare et, le soir, bacchanales dans les rues de la ville. Six ans après le décès de M. Dellisse-Engrand, dans la nuit du 1er août 1886, cette bande à laquelle s'étaient joints des gens peu

(*a*) De longues et patientes recherches, faites récemment d'accord avec le texte des *Écritures* et la tradition, semblent avoir fixé l'emplacement exact de l'Eden de nos premiers parents, qui se trouvait, non pas ainsi qu'on l'a toujours supposé, dans la région du Pamir arrosée par le Tigre, l'Euphrate, le Phase et l'Oxus, — mais dans le centre de l'Afrique vers le Bahr-el-Ghazal, dans le pays noir, près des premières mines d'or exploitées par l'homme. Le village de Faschoda serait à l'entrée même de ce lieu, anciennement de délices, dont la superficie n'était pas moindre de huit mille kilomètres carrés, arrosée par les quatre grands fleuves : le *Zambèze*, le *Niger*, le *Congo* et le *Nil*.

(*b*) « L'endroit infect appelé *Violon*, où l'on enferme les citoyens en état d'ivresse « et autres, ne prend jour que par une petite lucarne donnant dans les cabinets peu « inodores et publics de la mairie; il est hanté par les rats. Les chefs des détache- « ments de troupes de passage à Béthune refusent d'y mettre les hommes punis et « cependant nous avons vu y loger les voyageurs indigents. Nous émettons le vœu « bien légitime que le Violon soit transféré dans un endroit plus salubre, tel par « exemple que le corps-de-garde. Nous sommes convaincu que toute la population « verrait avec plaisir que notre Municipalité fit construire dans un lieu peu fré- « quenté une salle voûtée, chauffée en hiver, destinée à abriter, pendant la nuit, « les voyageurs indigents ». (*L'Écho de Béthune*, 9 avril 1882). Le même journal revient sur le même sujet le 2 mai 1886 et ajoute qu'il y a là un danger très réel d'incendie.

recommandables, est allée répéter devant la demeure de sa veuve la marche funèbre que la Musique municipale avait jouée en précédant le convoi au cimetière de l'ancien maire et bienfaiteur de la ville de Béthune. Pendant plus d'une heure on frappa la porte et les volets de la maison pour en éveiller les habitants, sans que la police municipale intervint, peut-être parce que certains assaillants portaient l'uniforme de la ville et étaient armés par elle (*Journal de Béthune*, du 8 août 1886). Il serait injurieux pour nos magistrats municipaux d'avancer qu'ils aient pu avoir quelque part à ces désordres scandaleux, mais l'on remarque avec regret que la Musique municipale, au lieu d'être réprimandée, a été l'objet chaque année de nouvelles largesses de la part du Conseil municipal. Les musiciens sont actuellement exempts du logement des troupes de passage, ainsi que leurs parents ; ils sont habillés, armés et, chaque année, ils visitent aux frais de la ville, à propos d'un festival, soit un port de mer, soit une ville remarquable. Enfin, le crédit qui concerne la Musique municipale, porté au budget de la commune, en 1877, à 1500 francs, figure sur celui de 1898 pour un chiffre de 3150 francs, soit avec une augmentation de 1650 francs, non compris les frais d'habillement de voyages, fêtes, etc. Grâce à ces avantages exceptionnels et, il faut le dire, à des mesures énergiques prises par M. Legillon, la Musique municipale est maintenant disciplinée ; l'élément mauvais, du reste en minorité, a disparu à la suite de la dissolution de cette société prononcée en 1893 par l'Administration qui n'était plus écoutée.

La musique a été réorganisée militairement et placée sous la surveillance et les ordres du Capitaine-commandant la Compagnie de sapeurs-pompiers.

Les mesures qui accentuèrent le plus la division qui régnait à Béthune, sous l'influence de l'Administration nouvelle, furent d'abord l'expulsion violente de leur domicile des Frères de la Doctrine chrétienne (2 juillet 1880), puis ensuite le refus de secours, par le Bureau de Bienfaisance, aux enfants pauvres fréquentant les écoles libres ouvertes par ces religieux (a). Le journal *Le Pas-de-Calais*, dans son numéro du 27 janvier 1884, nous donne, au sujet de la décision contre nature du Bureau de Bienfaisance, les détails ci-après :

« Jamais pareil fait aussi odieux ne s'était si auda-
« cieusement accompli ! Avant d'en attendre la réali-
« sation, l'un des *Pères des Pauvres* s'était empressé
« de déchirer son mandat, en se retirant. C'était, en
« effet, un cas de conscience... *Ne pas distribuer éga-*
« *lement les aumônes reçues* tant à domicile qu'à
« l'église, c'était forfaire au devoir, à la mission qui
« leur était confiée ! MM. les Membres adjoints au
« Bureau de Bienfaisance de Béthune, pour le service
« des quêtes, voyant que la situation qui leur était
« faite par les administrateurs paralysait l'élan de la
« charité privée, déléguèrent leur doyen pour présen-
« ter à MM. les Membres du Bureau leurs doléances
« et *déclarer en leur nom que, si l'on continuait à*
« *éloigner* de la Table des pauvres les nombreux
« enfants indigents fréquentant les écoles libres des
« Frères, ils cesseraient, quoique bien à regret, leurs
« fonctions charitables à partir du 1er janvier 1884.

« Ils donnaient pour motifs :

« 1° *Que les quêtes faites pour les pauvres sont pour*
« *tous les pauvres indistinctement* et non pour les
« écoles municipales laïques..., lesquelles ont déjà
« une société pour les soutenir, une caisse spéciale et
« des troncs dans presque tous les cabarets ;

« 2° Qu'on ne peut se montrer plus dur que la loi
« qui autorise l'enfant pauvre aussi bien que l'enfant
« riche à fréquenter l'école de son choix. »

(a) *Journal de Béthune*, 29 avril 1883 ; *Le Pas-de-Calais*, 28 et 29 avril 1883.

Il est inutile de dire que les administrateurs opposèrent un refus formel; mais au moins si la Charité dut céder la place à une politique de mauvais aloi, sa retraite au milieu des humbles et vaillants quêteurs fut un triomphe moral pour notre belle devise républicaine : LIBERTÉ, EGALITÉ, FRATERNITÉ !

Que fit le Bureau de Bienfaisance? Il fit faire les quêtes par un homme payé, au grand détriment de la recette. Le déficit devint tellement sensible que M. Dupuich se vit dans l'obligation de paraître céder devant l'opinion publique; il fit publier, le 9 avril 1885, que « tous les enfants des familles secourues « seraient, cette année, indistinctement habillés pour « leur première communion par le Bureau de Bien- « faisance *(a)* ». Malgré cette déclaration tardive et qui n'inspirait pas confiance, les troncs continuèrent à rester vides, alors on cria : au voleur ! *(b)*.

La morale de l'incident fut bientôt dégagée, mais certainement pas à l'avantage des membres du Bureau de Bienfaisance. Les protestations furent vives et nous ne pouvons que les trouver justifiées : les secours aux indigents constituent un devoir social, leur allocation est prescrite par la loi et il n'appartient à personne, pas même au maire *(c)* de dénier cette dette publique et de substituer le règne de l'arbitraire à celui de la raison et de la loi. En effet, l'article 23 de la *Déclaration des Droits de l'Homme* dit : « LES SECOURS PUBLICS SONT UNE DETTE SACRÉE ».

(a) *Circulaire* pour la quête générale annuelle au profit des pauvres.

(b) *Gazette de Béthune* et *Journal de Béthune* du 12 juillet 1885. — Le mystérieux voleur du Bureau de Bienfaisance ne fut jamais découvert.

(c) « Etranger à la ville et à la société par son origine, son éducation et ses relations, le maire ne connaît, de la population, ni l'esprit, ni les traditions, ni « les aspirations. Il aurait peut-être fait un commis de mairie supportable, mais « comme maire, il est insuffisant et il faut être de ce temps pour voir à la tête « d'une ville un citoyen aussi inférieur à sa situation » (*Pas-de-Calais*, 31 mai 1885).— Cette appréciation est évidemment exagérée ; nous la reproduisons cependant afin de montrer la tension des esprits à cette époque.

Cependant le Bureau de Bienfaisance, paraît jouir d'une prospérité étonnante en ces temps de crise commerciale et de misère ; il fait des économies et place de l'argent sur l'Etat, à 3 %. Il est vrai qu'il a supprimé l'orphelinat de garçons dont les enfants ont été dispersés on ne sait où. Quelles horribles souffrances doit éprouver à son lit de mort le malheureux ouvrier, lorsque son dernier regard s'arrête sur les petits garçons qu'il va laisser sans autre appui que celui de la Providence ! Malheureuse politique ! Suprême aveuglement ! Nous nous demandons encore quel motif sérieux a pu décider le Bureau de Bienfaisance à déléguer deux de ses membres pour tenir, le 25 décembre 1887, les coins du poële d'un suicidé se faisant enterrer civilement par une clause de son testament *(a)*. Et dire que tous les membres du Bureau de Bienfaisance à cette époque, pris séparément, étaient les meilleurs hommes du monde, tous bons pères de famille ; nous nous demandons ce qui serait arrivé s'ils avaient été mauvais !

M. le Maire de Béthune ne perdait du reste aucune occasion d'affirmer et de développer son prestige en public : suivant un courant d'opinion, bien abandonné hélas ! aujourd'hui, il s'occupe de faire germer les idées de revanche de la guerre de 1870. Il devient impatient ; plus patriote que M. Déroulède, il donne à grand fracas sa démission de membre de la Ligue des Patriotes et de président du Comité régional de Béthune (mars 1887) *(b)*. Parfois il devient agressif : les leçons qu'il reçoit sont dures ; nous relevons dans les journaux de la localité le passage suivant d'une lettre de M. E. Landeau, avocat, conseiller mu-

(a) *Petit Béthunois* du 28 décembre 1887.

(b) Le successeur de M. Dupuich, en qualité de président du Comité de la Ligue des Patriotes, fut M. Haynaut.

nicipal et président de la Société de gymnastique et d'armes de Béthune (6 juin 1886) :

« Je lui adresserai (à M. le Maire de Béthune) quel-
« ques conseils personnels et pratiques, l'engageant
« vivement à en faire son profit. Ses façons épisto-
« laires sont peut-être en usage à Lens, patrie de
« M. Dupuich ; quant à moi, je ne les connais pas et
« ne saurais les tolérer ; je ne les supporterai jamais
« de personne, de lui moins que de tout autre. Que
« dorénavant il surveille donc avec soin les incartades
« de sa plume et qu'il ne se laisse plus aller à ces
« divagations de style ; que pareil fait ne se renouvelle
« plus, autrement ce n'est plus par la voie de la presse
« que lui parviendrait une réponse qui ne se ferait
« pas attendre ». (*Echo de Béthune*, 13 février 1886).

Car malgré les ressources d'une incontestable habileté, M. Dupuich ne parvenait pas toujours à se maintenir d'accord avec ses amis politiques. Les journaux de l'époque nous révèlent quantité d'épisodes qui prouvent que l'harmonie était loin de régner. Une discussion assez vive s'éleva notamment lors de la revue des troupes, le 14 juillet 1885, entre M. le Sous-Préfet, représentant du gouvernement et M. le Maire (*a*). L'attitude réservée de M. Bancelin, sous-préfet, fut approuvée par les journaux républicains (*Petit Béthunois* du 5 août 1885).

Des incidents divers mirent également aux prises la Municipalité d'une part et de l'autre le Conseil de

(*a*) « L'histoire court les rues. On se demande avec raison pourquoi M. le Maire, « froissé, dit on, d'avoir perdu une signature qui lui avait été irrégulièrement don- « née jadis lors des congés du Sous-Préfet, et qui est confiée maintenant à M. Hay- « naut, conseiller d'arrondissement, pourquoi M. le Maire, ceint de son écharpe « municipale, a cru pouvoir faire bon marché de sa dignité comme premier magis- « trat de la cité, pour obéir à des rancunes personnelles. On ajoute que le Maire « d'une ville a le devoir d'occuper la place qui lui appartient, et qu'il ne lui est pas « permis de rabaisser les fonctions honorables dont il est revêtu. Le Sous-Préfet a « apporté, on le reconnaît, la plus grande courtoisie dans ses paroles ». (*Journal de Béthune*, 19 juillet 1885).

Fabrique de l'église St-Vaast (*Revue Artésienne* du 16 avril 1886; *Pas-de-Calais* du 25 du même mois) — le Comice agricole (*Gazette de Béthune*, 31 mai 1885) — et même la Compagnie des Sapeurs-Pompiers (*a*).

Ajoutons que la Municipalité tranchait souvent, de son autorité privée et avec une désinvolture unique, des questions d'intérêt général dont elle eut dû, tout au moins, soumettre la solution au Conseil municipal. C'est du reste avec un véritable plaisir que nous parcourons les délibérations de nos édiles pendant cette curieuse période; les journaux en ont plusieurs fois reproduit les merveilles (*b*). Parmi les fleurs de rhétorique qui les émaillent, nous en cueillerons deux seulement; la première du 6 février 1888, concernant la grosse cloche du beffroi, baptisée JOYEUSE pour la circonstance :

« Antérieurement à l'année 1576, *Joyeuse* pesait « 2100 livres; aujourd'hui elle pèse 2200 kilog. et « porte l'inscription suivante...... »

Cette inscription la rend probablement plus lourde encore. La délibération n'ajoute pas si l'on a provoqué un congrès de sage-femmes.

Dans la séance du Conseil municipal du 7 février 1887, un conseiller, et non des moindres, dit grave-

(*a*) « M. Outrebon, capitaine de la Compagnie de pompiers et membre du Conseil « municipal, dit que si le Conseil continue à se montrer hostile envers la Compa- « gnie des sapeurs-pompiers, on en obtiendra vite la désorganisation ». (*Séance du Conseil municipal* du 16 mai 1886 — *Revue Artésienne* du 21 même mois).

(*b*) Dans une discussion relative à la révision du tarif des oblations, « un hono- « rable conseiller à demi éveillé, sursautant tout-à-coup sur son siège au haut « duquel sont peintes les armes de la ville, demande si la cire paie... des droits « d'octroi! Une hilarité générale accueille la demande du facétieux conseiller ». (*Revue Artésienne* des 16 avril, 7 et 14 mai 1886 — *Pas-de-Calais*, 16 mai). Deux mois après, le même conseiller, se méprenant sur le sens d'une délibération, s'écrie avec un solécisme à la clé : « C'est au pied du mur *qu'on y voit* le maçon ! » Malgré les explications qui lui sont données par tous les membres présents, il s'obstine et répète que c'est au pied du mur *qu'on y voit* le maçon; ce qui produit une confusion extrême et fait renvoyer l'examen de la question à une autre séance (*Revue Artésienne*, 22 octobre 1886).

ment que la commission aura à constater, dans le beffroi, un fait singulier : « Il se trouve, dans l'intérieur du monument, des pièces énormes de charpente plus larges que toutes les ouvertures ; on ne peut pas s'imaginer de quelle façon nos aïeux ont réussi à les introduire là » (*Revue Artésienne* du 18 février 1887). Le rédacteur du journal émet le vœu qu'une société d'antiquaires approfondisse le mystère ! Dans notre enfance, on se demandait souvent si les bateaux qui allaient sur l'eau avaient des jambes et bonne maman nous expliqua, un jour, que s'ils n'en avaient pas ils ne marcheraient pas. Nous ferons nos efforts pour ne pas être trop inférieur à bonne maman et élucider la question qui a tant préoccupé le Conseil municipal. Les registres de comptes de la ville, accusent des dépenses occasionnées, en 1503, par l'achat de forts gants à XII[d] la paire, fournis aux charpentiers qui, au moyen d'une corde de XLII toises, hissaient au haut de la tour du beffroi, le bois et le plomb destinés à la construction de la flèche. C'est du reste encore le seul moyen employé par nos ouvriers pour la construction des charpentes de nos maisons, et même fréquemment par les déménageurs qui descendent par les fenêtres les meubles de dimensions trop grandes pour sortir par les escaliers.

La décision prise contre les Frères de la Doctrine chrétienne lésa également et les règles élémentaires de la justice et les intérêts de la ville.

Chacun sait que le vénérable abbé Wourm, vicaire à Béthune, avait, par deux actes, de 1818 et 1821, donné à la ville des immeubles destinés à l'installation d'une école communale gratuite, stipulant qu'elle serait dirigée à perpétuité par les Frères de la Doctrine chrétienne. Nos administrateurs peu au courant des choses de la ville, ignoraient probablement cette clause formelle de l'acte de donation et, depuis longtemps sollicitaient la laïcisation des écoles communales. Le Gouvernement, représenté par le ministre Ferry, n'était que trop disposé à écouter ces sortes de demandes ; aussi sur l'ordre du Préfet et en conformité de la délibération du Conseil municipal du 7 juin 1880, le deux juillet suivant, à sept heures du matin, le commissaire de police, à la tête de ses agents, vint briser la porte d'entrée de l'école communale de garçons, n'ayant pu en faire sauter la serrure. A cette nouvelle, la ville s'émut : plus de trois mille personnes parmi lesquelles se trouvaient beaucoup de femmes et d'enfants, accoururent devant l'établissement menacé, faisant retentir les cris de : « Vivent les Frères ! A bas les laïques ! A bas le Conseil municipal ! »

Expulsés l'un après l'autre, les Frères furent emmenés au milieu des acclamations par des personnes notables qui leur offrirent l'hospitalité en attendant qu'un local put être mis à leur disposition. Le rassemblement sympathique prit bientôt les proportions d'une véritable émeute : des gendarmes mandés en toute hâte vinrent se poster en face de l'école ; mais émus devant ce témoignage unanime de la reconnaissance populaire, ils conservèrent eux-mêmes une attitude des plus réservées. Six fois l'Inspecteur des écoles, à la tête des instituteurs laïques, essaya d'entrer dans l'établissement, six fois il fut obligé de se retirer, par la résistance et les cris de la foule. Enfin, la septième fois, accompagnés du lieutenant de gendarmerie, ils purent effectuer leur entrée ; mais à leur sortie, les gendarmes et les agents de police durent protéger et escorter les malheureux fonctionnaires qui eurent ainsi à traverser toute la ville, poursuivis par une foule toujours augmentante (a). A deux heures

(a) Les instituteurs furent hués, conspués, salis et poursuivis jusqu'à leurs

précédés et suivis de la gendarmerie à cheval, ils vinrent faire l'ouverture des classes où ils ne trouvèrent que six élèves sur les cinq cents qui fréquentaient cet établissement. La rue conduisant à l'école et celles avoisinantes étaient remplies par une multitude énorme. Les hostilités du matin se renouvelèrent.

Le lendemain, le tribunal de première instance de Béthune rendait un jugement ordonnant la réintégration *manu militari* des Frères des écoles chrétiennes dans le local qui avait été donné à la ville sous la condition expresse qu'il serait occupé par des membres de leur Institut ; mais, séance tenante, le Préfet, pour gagner du temps, portait l'affaire au tribunal des conflits. Ce magistrat avait profité du sursis qui lui avait été accordé pour, avec l'aide de la gendarmerie, faire occuper l'école par des instituteurs laïques lesquels devenus ainsi maîtres de l'établissement au moment du jugement, devaient en conserver la jouissance jusqu'à la fin du procès *(b)*. Le même jour, deux conseillers municipaux, MM. de Saint-Pastou, avocat, et Bresselle, négociant, ancien professeur de l'Université, donnaient leurs démissions motivées.

Les héritiers de l'abbé Wourm demandèrent aussitôt la révocation de la donation pour inexécution des conditions imposées. La ville fut condamnée en première instance à restituer l'immeuble ; et la Cour de Douai, appelée à statuer, confirma *(c)* ce jugement sur les conclusions conformes de M. l'avocat général Chalampin qui eut le courage de rendre un solennel hommage à la générosité du prêtre donateur, mort à l'hôpital après s'être dépouillé de tout son bien pour assurer aux enfants pauvres les bienfaits de l'éduca-

domiciles par une foule sans pitié (*Petit Béthunois* du 16 janvier 1881); pendant ce temps, le maire s'était renfermé chez lui de même que son adjoint M. Mahieu.

(b) Moniteur universel du 4 juillet 1882.

(c) Jugement du 16 janvier 1882.

tion. L'avocat général a stigmatisé en termes sévères l'oubli que le Conseil municipal de Béthune avait fait des engagements souscrits par la ville et les actes par lesquels il les avait répudiés *(a)*. La ville fut non seulement condamnée à la restitution de l'immeuble litigieux aux héritiers de l'abbé Wourm, mais en outre à des dommages-intérêts à fixer ultérieurement.

Nous nous sommes étendu sur cette affaire des Frères pour que nos enfants en aient les détails sous les yeux lorsque la *Cour de Cassation* devant laquelle elle a été portée, débarrassée du procès Dreyfus, aura enfin le loisir de rendre son jugement, attendu depuis 1882. Ce sera probablement encore un centenaire à célébrer !

Le déni des engagements pris avec l'Institut des Frères ouvrait la série des parjures ; il semblait que rien n'était plus facile de faire tuer l'ours et de s'en approprier la dépouille. Quelques jours après, le Préfet prononçait la fermeture du *Cercle des ouvriers* dit de Saint-Joseph *(b)*, et le local qui avait été donné par Melle Heutte à la ville pour être affecté à cet usage devenait sans emploi et lui revenait de droit. C'était un premier pas vers l'arbitraire et la banqueroute des engagements pris.

La propriété dont il vient d'être question ne tarda pas à être vendue par la municipalité sans aucune réserve ; la maison objet du legs Mongy, sur la place du Jeu-de-Paume, avait été vendue à M. Delpierre, imprimeur, le 9 avril 1881 *(Voir délibération du 18 octobre 1886)*; l'immeuble du Marché au beurre donné par M. Rifflart pour l'orphelinat de jeunes filles, a été mis en vente à plusieurs reprises et n'est demeuré propriété de la ville que faute d'amateur. Ajoutons

(a) *Moniteur universel* du 18 janvier 1882.

(b) Voir à ce sujet le *Courrier du Pas-de-Calais* du 27 juillet 1880 et les journaux de cette époque.

qu'il a été proposé plusieurs fois au Conseil municipal d'établir un théâtre dans le beau bâtiment du Marché-au-Poisson donné par Melle Heutte au même orphelinat *Et nunc erudimini*, braves gens qui vous dépouillez de votre fortune en faveur des pauvres ! Faites vos aumônes vous-mêmes.

Il est curieux d'examiner l'attitude de la municipalité dans cette affaire des Frères ; nous étudierons ensuite la portée que cet acte eut sur les finances et l'avenir de notre ville.

Dans plusieurs lettres adressées au journal *le Libéral*, M. Dupuich prétend que le désir de la municipalité a toujours été de conserver les Frères des écoles chrétiennes à titres d'instituteurs communaux ; que le Préfet seul est cause de cette malencontreuse affaire ; que pour lui personnellement, le directeur de l'école, M. Roche, en religion frère Gaubert Marie, ce brave frère, cet excellent frère, est la crême des hommes et particulièrement son ami ! Si dans sa lettre, il laisse échapper une indiscrétion du reste tout à sa louange *(a)*, il prie bien ce bon M. Roche de la lui pardonner. Malheureusement et c'est justement là une des causes de la perte du procès par la ville, perte qui va l'entraîner à des dépenses considérables, le Préfet lui aussi a laissé échapper une indiscrétion et, dans ses lettres adressées au ministre, il affirme que la mesure qu'il a prise était *vivement et depuis longtemps sollicitée par la municipalité de Béthune (b)*.

Qui avait raison, qui disait vrai ? Nous ne trancherons pas la question. Le seul fait de se rejeter ainsi l'un à l'autre la responsabilité de la mesure prise montre bien jusqu'à quel point cette mesure était peu compatible avec la justice et la liberté. Du reste, en

(a) *Le Libéral*, n° 12, 1er janvier 1881.

(b) Lettre de M. J. Ferry à son collègue de l'Intérieur en date du 30 août 1880. (*Le Libéral*, 1er janvier 1881).

présence de la revendication des héritiers Wourm, chacun put prendre connaissance des documents concernant la donation et reconnaître un peu tard qu'on lançait la ville dans une série de dépenses ruineuses pour nos finances municipales.

Pour détourner l'attention publique, l'on a fait beaucoup de bruit avec l'instruction gratuite et obligatoire. Si l'on veut bien se reporter à nos registres municipaux, l'on verra que depuis longtemps l'enseignement dans toutes les écoles primaires, de dessin, de musique, etc., était tout à fait gratuit même pour les fournitures classiques. Il suffisait d'une simple demande pour obtenir cette faveur au collège. Les succès remportés à cette époque par les jeunes gens de Béthune sont nombreux et incontestables ; bon nombre d'élèves de nos écoles communales ont été admis dans les administrations de l'Etat : Contributions, Pont-et-chaussées, etc. Nous pouvons citer des élèves ayant passé directement, de notre collège communal, à Polytechnique et à Saint-Cyr.

Il y a cinquante-cinq ans, nous avions à Béthune deux sociétés de musique de premier ordre : *L'harmonie* et la *musique municipale* composées chacune de soixante-dix exécutants ; en outre l'excellente *fanfare de la Compagnie d'artillerie de la Garde nationale*. En 1856, la ville offrait aux sociétés étrangères un magnifique concours de chant pour célébrer la création à Béthune de deux excellentes sociétés chorales : *L'Union chorale et instrumentale* et la *Cécilienne*. Ces diverses sociétés n'ont jamais été à charge, en aucune manière, au budget de la commune, au contraire la *Société philharmonique*, fondée vers 1841, donnait fréquemment au profit des pauvres, en été, dans les dépendances du château d'Annezin, et, en hiver, dans les salons de l'Hôtel-de-Ville, des concerts renommés qui attiraient à Béthune les nombreux amateurs de la région et des villes voisines. Les musiciens, pour leur vieillesse, ont été dotés par M. Alexis Jean, leur président, de pensions annuelles de 50 à 600 francs selon les services rendus à la société. (*Histoire de la ville de Béthune*, pp. 150 *et* 151). Les *compagnies d'artillerie* et de *sapeurs-pompiers* s'habillaient à leurs frais ; leur effectif était de 150 hommes chacune.

Ce n'était pas en fermant nos écoles de musique et de dessin à la partie de la classe ouvrière ayant le malheur de ne pas penser comme nos édiles relativement au genre d'éducation à donner aux enfants, que ces derniers pouvaient faire revivre ces temps florissants. A cette époque où cette mesure pouvait encore être mise à exécution, il eût été plus rationnel de donner satisfaction aux idées qui divisaient notre ville en deux parties égales, et de laisser les contribuables choisir le genre d'instruction qui leur aurait le mieux convenu. En établissant une école laïque à côté de l'autre (*a*) c'eût été exciter l'émulation des instituteurs au grand profit des élèves et éviter un surcroît extraordinaire de dépenses tant à la commune qu'à la partie de la population voulant, pour ses enfants, l'enseignement religieux dans l'école. Bien loin de là, comme nous l'avons dit précédemment, les familles pauvres des enfants fréquentant l'école libre des Frères sont privées des secours du Bureau de bienfaisance ! Le journal le *Pas-de-Calais* (*b*), après avoir reproché au maire cet acte inqualifiable, lui demande s'il lui appartient de faire du Bureau de bienfaisance une officine de politique et d'antichristianisme. Le *Journal de Béthune* (*c*), de son côté, déclare que les « *Pères des*

(*a*) Propositions de M. Hayuaut, conseiller municipal. Conseil municipal, séances de novembre 1879 et février 1880. — *Petit Béthunois*, 5 décembre 1880.

(*b*) Journal du samedi 28 avril 1883.

(*c*) Journal du 28 avril 1883.

Pauvres » ne sont plus que les pères de certains pauvres. Ces derniers du reste, comprenant eux-mêmes qu'ils ne méritent plus de porter ce beau nom, ont adopté celui d'administrateurs du Bureau de bienfaisance.

Il est intéressant d'examiner les conséquences désastreuses pour les finances de la ville des mesures inspirées par cet esprit sectaire qui, durant cette période dont nous rappelons les faits principaux, semble animer les gardiens de nos intérêts. Déjà, en 1884, la ville a dû emprunter 150.000 *francs* pour l'édification du groupe scolaire *du bout du monde* (*a*), bâtiment sans étage et pour ainsi dire sans sous-sol, qu'elle a eu l'idée saugrenue de placer sur un terrain trop restreint situé à l'extrémité du faubourg de Lille. L'inutilité manifeste de cet établissement nécessitera la construction de nouvelles écoles plus rapprochées de la ville. La municipalité devra en outre acheter la maison d'école des Frères ou la remplacer par un nouveau groupe scolaire dont l'édification fera monter la dette de la ville au chiffre fantastique de UN MILLION.

Guidés par un mobile qui n'est un mystère pour personne, nos administrateurs grèvent chaque année le budget communal de nouvelles dépenses en faveur de l'instruction laïque et obligatoire. Si c'était pur zèle républicain dans l'intérêt général, nous n'aurions que des éloges à leur adresser, cependant nous devons observer que bientôt les recettes municipales ne suffiront plus pour satisfaire aux exigences du budget de l'enseignement, dont les dépenses ordinaires s'élèvent à 44.600 francs annuellement, non compris les subventions communales au collège, exemptions d'externat, prix, etc. A cette somme, il faut ajouter

(*a*) Appellation populaire donnée à cette école municipale (*Revue Artésienne* du 4 décembre 1885).

le traitement des instituteurs et des institutrices, 36.000 fr.; celui des professeurs du collège, 42.000 francs : enfin l'intérêt et l'amortissement des emprunts scolaires, 40.000 francs. — Et les ouvriers n'ont pas d'Écoles Professionnelles ! Une partie du traitement des professeurs et instituteurs est, il est vrai, à la charge de l'Etat, mais il faut expliquer que le paiement en est assuré au moyen de centimes spéciaux figurant sur nos feuilles de contributions. On peut se demander quelle serait l'importance de ces dépenses si l'école libre des Frères et le collège Saint-Vaast dirigé par des prêtres n'existaient pas ! Ces deux derniers établissements sont fréquentés par la moitié au moins des enfants de la ville ; de plus, le collège Saint-Vaast, par les succès qu'il remporte chaque année dans les concours et examens, attire de nombreux élèves étrangers et devient une source de richesse tant pour la commune par les droits d'octroi, que pour les habitants. Au lieu d'être heureux et en bon père de famille tirer profit de cette émulation entre deux établissements de premier ordre, il semble que l'on n'a d'autre souci que d'abattre le concurrent fâcheux ; naturellement c'est le contraire qui arrive. Ce que l'on fait crouler, ce sont les finances de la ville que les finasseries universitaires ont su engager par des traités et des subventions faites à propos pour la construction de bâtiments trop spacieux. A quoi serviront ces vastes bâtiments si vous n'avez pas d'élèves en nombre suffisant ? (a) Les habitants des villes et des villages voisins seuls profitent réellement

(a) Un journal de la localité, dans un article du 13 novembre 1898, préfère attribuer les difficultés qu'éprouve le collège de Béthune, aux intrigues des établissements rivaux et, pour les combattre, il se borne à demander « *le retrait de la loi Falloux sur la liberté de l'enseignement, qu'il ne faut pas confondre avec l'enseignement de la Liberté* ». Ce souhait ne doit peut-être pas tarder à être réalisé ; cependant nous ne pensons pas que là soit le remède ; car ce qu'il importe de ne pas confondre, c'est la *Liberté* avec le DESPOTISME. Il existe un autre moyen de rendre notre collège communal florissant : nous y reviendrons.

des énormes sacrifices de la ville de Béthune, sans grever les finances de leurs communes et moyennant une simple contribution soldée pour chaque élève au Principal de notre collège, la même que pour les enfants de la ville; de sorte que, estimant le nombre des élèves de notre collège communal à 213 (chiffre réel, croyons-nous), la caisse municipale dépense annuellement deux cents francs pour chacun de ces enfants. De plus, cette somme étant fournie en majeure partie par le produit des octrois, c'est l'ouvrier, bien qu'il n'en profite guère, qui alimente le collège. Aussi est-ce avec une pointe d'ironie et un léger sourire que l'orateur chargé de prononcer le discours d'ouverture de la cérémonie annuelle précédant la distribution des récompenses, commence par ces mots : Chers Élèves ! La ville de Béthune aurait dû imiter la réserve prudente des villes de Lens et de Bruay ; avant d'accorder à l'Université l'établissement à Béthune d'un *lycée d'arrondissement*, elle aurait dû s'assurer du concours financier de toutes les communes de l'arrondissement et ainsi se procurer les ressources nécessaires pour doter son collège de professeurs d'un mérite exceptionnel. C'était pour Béthune une occasion de prospérité à saisir ; les élèves moins nombreux que dans les lycées de Lille et de Douai, auraient pu d'autant plus facilement profiter de l'enseignement de professeurs les plus élevés en grades universitaires.

Quels moyens misérables n'a-t-on pas employés pour empêcher l'ouvrier de profiter de la liberté de l'enseignement ! En 1883, le Conseil municipal nomma une commission à l'effet d'étudier la raison de l'état précaire de l'art musical à Béthune à cette époque. Il fut constaté que cette cause consistait uniquement en ce que l'administration municipale avait fermé l'entrée des écoles publiques de musique et de dessin linéaire et académique à la moitié des enfants de la ville, en interdisant l'accès de ces classes aux élèves fréquentant les écoles des Frères et autres établissements libres (*Conseil municipal* du 19 septembre 1881). Certainement M. Ferry, ministre de l'instruction publique, avait lieu d'être satisfait et c'est bien à tort que l'on a tourné en ridicule une demande de décoration qu'un bienveillant ami, un *compère,* dit le journal *Le Libéral*, faisait circuler parmi les conseillers municipaux. Ces derniers, en refusant de mettre leurs signatures au bas de la pétition des anciens élèves du collège communal, n'ont pas voulu comprendre que décerner une couronne à un de leurs collègues, c'était pour ainsi dire se couronner eux-mêmes.

Enfin la municipalité qui précédemment (*a*) avait cru pouvoir offrir une subvention de deux cent cinquante-quatre mille huit cents francs pour l'établissement à Béthune d'une école normale, laquelle cependant, si l'on en considère la composition, devait être d'un bien maigre produit pour nos octrois, se voyait, en 1883, à la veille de perdre sa garnison, l'état de ses finances ne lui permettant pas de lui procurer un champ de tir (*b*). Nous verrons dans la suite de ce travail que pour le même motif aucun effort sérieux n'a pu être fait pour retenir la grande industrie prête à s'installer dans notre ville, soit au moyen de concessions de terrains, soit par l'abaissement de certains droits d'octroi. A Arras, le terrain des anciennes fortifications, vendu couramment neuf francs le mètre, a été cédé à l'industrie par l'administration municipale au prix de un franc. L'on n'a même pas eu cette idée à Béthune.

Élections municipales du 4 mai 1884.— Nous avons

(*a*) Délibération du 21 mars 1881.

(*b*) Registre aux délibérations.— Voir aussi *Revue Artésienne* du 19 septembre 1884.

fait remarquer précédemment le moyen employé pour faire équilibrer au budget communal les recettes avec les dépenses en maintenant la perception d'impôts qui auraient dû disparaître, l'objet pour lequel ils avaient été créés n'ayant plus de raison d'être. Un autre expédient fut imaginé : l'on finit dans les exposés officiels par présenter ensemble les recettes ordinaires et extraordinaires de façon à montrer des excédents de recettes considérables très agréables à l'œil mais ne pouvant supporter un examen sérieux. Aussi pour détourner l'attention des électeurs et ne pas laisser refroidir le zèle des amis, on fait sortir, en prévision de l'élection du 4 mai 1884, tous les vieux trucs de l'hôtel-de-ville. Nos administrateurs paraissent avoir perdu la boussole ; ils imposent l'autorité de leurs noms (*a*), bien qu'il n'y ait pas de liste d'opposition ; craignant les abstentions, ils cherchent à réconforter les fidèles en les prenant par leur endroit sensible. Le maire et les délégués du Conseil municipal composent et arrêtent eux-mêmes le menu d'un festin qui doit être servi, à l'hôtel-de-ville, à cinq cents électeurs intelligents et influents, le jeudi 1er mai 1884, l'avant-veille des élections (*b*). Le banquet eut lieu sous la présidence de M. le Préfet mais, sur les cinq cents invités, à peine quatre-vingts salariés du gouvernement et de la ville avaient répondu aux appels réitérés de la municipalité et de son organe *Le Petit Béthunois* (n° du 20 avril). Cette maladroite tactique électorale froissa le bon sens populaire qui la qualifia du nom d'Élection a la Fourchette.

Enfin l'élection se fît mais nous n'osons pas dire

(*a*) « *Electeurs*, vous ne pouvez que tirer grand profit d'un représentant républicain prêt à rendre partout et toujours service à ses concitoyens. Quels avantages pouvez-vous attendre d'un ennemi plus ou moins déclaré de la République ou même qui affecte de ne professer aucun parti ? *Aucun*. » (Août 1883).
Ajoutons encore les menaces de guerre civile (*Petit Béthunois*, 4 octobre 1883).

(*b*) Lettre d'invitation du 10 mars.

que le résultat fut heureux pour les intéressés. M. le Maire et son premier adjoint arrivèrent les derniers de la liste. Ils restèrent cependant à la tête de l'administration municipale, car, après de nombreuses démarches et les refus formels des plus favorisés par le scrutin (*a*), nos édiles s'étaient résolus à ne pas tenir compte des préférences du suffrage universel. Cet échec (*b*) aurait dû être un avertissement salutaire mais, au lieu de faire un examen consciencieux des fautes commises et de les réparer autant que possible, on préféra, comme cela arrive souvent, l'attribuer à la défection d'employés subalternes dont plusieurs furent sacrifiés pour l'exemple (*Délibération du* 5 *octobre* 1885). Une fois installés, nos conseillers municipaux continuèrent d'en prendre bien à leur aise. Si nous consultons le registre aux délibérations du 18 mai 1884 au mois d'avril 1888, nous voyons que le Conseil a été convoqué 53 fois : deux fois en vain, l'assemblée ne s'étant trouvée en nombre pour délibérer ; deux fois pour nommer des délégués aux élections sénatoriales et 49 fois pour vaquer aux affaires. Outre que fréquemment la séance s'ouvrait tardivement, de nombreux fauteuils restaient inoccupés : M. Faucquette a laissé vide le sien 37 fois ; M. Haynaut, 34 fois ; M. Cailliéret, 31 fois ; M. Hanicotte, 31 fois; M. Hugot, 28 fois; M. Hanquelle, 21 fois. Deux membres du Conseil avaient dû donner leur démission. Certainement, si cette situation convenait aux électeurs, comme le dit fort bien le *Journal de Béthune*, il n'y avait pas à récriminer et il fallait la subir, quelque pénible qu'elle fut.

Élections municipales du 6 mai 1888. — Après *l'élection à la fourchette* on pouvait tirer l'échelle, les

(*a*) *Courrier du Pas-de-Calais* des 7, 17 et 18 mai 1884.

(*b*) Le plus favorisé des élus n'avait obtenu que 1281 voix.

ficelles étant trop visibles et les trucs trop connus mais, de même que chez Nicolet, c'est de plus fort en plus fort et nous devons relater les incidents qui ont marqué l'élection municipale du 6 mai 1888. Cette fois encore, dans l'ordre des suffrages obtenus, maire et adjoint sortants n'occupaient que les 22e et 23e rangs, c'est-à-dire les derniers, avec 1278 suffrages, les électeurs inscrits étant de 2.334. Pour arriver à ce résultat bien précaire, que de peine cependant n'avait-on pas eu ! Le public s'en doutait bien un peu mais, bon enfant, il se contentait de rire, se désintéressant complètement de la question (*a*) ; ne fallait-il pas un maire et deux adjoints ! En plaisantant, il trouvait tout naturel qu'à la table municipale, les tard-venus étant placés près de leurs collègues les plus favorisés, les derniers devinssent les premiers au moyen d'un simple déplacement de chaises habilement exécuté. Béthune vit cependant à cette époque se réaliser des réformes depuis longtemps souhaitées. Naturellement soucieux de demeurer à la tête de l'administration, M. Dupuich avait enfin donné satisfaction aux réclamations des électeurs en supprimant, le 1er janvier de cette année, l'impôt si impopulaire et non justifié sur le charbon. La population fut de même agréablement surprise de voir figurer au compte administratif de 1887 un excédent de recettes de 55.904 fr. 90 disponibles, à reporter au budget additionnel de 1888. Dans cette somme n'était pas compris 49.518 francs dus par le département pour acquisition du terrain destiné à la construction de la prison (*b*).

(*a*) Il n'y a aucune exagération dans cette prétention : dans l'élection de 1884, un certain nombre d'électeurs groupent leurs suffrages sur une liste entièrement composée *d'épiciers*. (*Echo de Béthune* du 11 mai 1884.

(*b*) Délibération du 9 avril 1888.

« C'était à la veille des élections municipales, faire une agréable surprise aux électeurs ! Le 9 juin, M. Haynaut constatait officiellement que les ressources disponibles en caisse, portées au budget additionnel, étaient illusoires ». (*Echo de*

M. le Maire ne laissait du reste à personne le soin d'apprécier son œuvre. Sa circulaire aux électeurs, à l'occasion du scrutin du 6 mai 1888, est un modèle du genre ; il a ramené l'ordre dans les finances et clos sans retour l'ère des déficits. Le 29 avril de la même année il avait affirmé publiquement que la ville possédait un boni de 85.000 francs, tandis qu'en 1878, la situation financière était mauvaise et qu'il existait un déficit de 72.000 francs !! (*Petit Béthunois* du 2 mai 1888, *compte-rendu de la réunion électorale au théâtre municipal*). Heureux et confiant dans sa bonne fortune, il ne se souvenait plus que la roche tarpéienne est près du Capitole. Mais le bon peuple de Béthune finissait par ouvrir les yeux sur ces excédents de recettes extraordinaires présentés à la fin de chaque exercice par l'administration municipale, excédents qui ne l'avaient pas empêchée, après les élections du 4 mai 1884, de contracter, le 4 août de la même année, ainsi que nous l'avons mentionné précédemment, un emprunt de 150.000 francs pour la construction du groupe scolaire *du bout du monde*. Ajoutons qu'au moment où M. Dupuich préparait son dernier compte administratif, il élaborait un nouvel emprunt de 66.800 francs à faire au Crédit foncier pour travaux à effectuer au collège (*Délibération du 6 février*). En compensation, les contribuables, pour leur ducasse le 20, 21 et 22 mai 1888, allaient avoir : Mât de cocagne, chasse au marcassin, grande fête aérostatique devant la mairie, SOIRÉE MUSICALE AU JARDIN PUBLIC SUIVIE D'UNE GRANDE FÊTE DE NUIT AVEC FLAMMES DE BENGALE, FEU D'ARTIFICES, ASCENSION D'UNE MONTGOLFIÈRE ET EMBRASEMENT GÉNÉRAL DU JARDIN. La fête était clôturée, le

Béthune du 12 août et délibération du Conseil municipal).

« Dans la séance du 4 août 1888, la commission chargée de vérifier le compte administratif de M. Dupuich, déclare qu'au lieu de 55.904 francs, la somme en caisse réellement disponible, résultat de l'exercice 1887, n'était que 9.981,78 ».

mardi, par un autre *grand feu d'artifices tiré sur la Grand'Place devant la mairie, avec magnifique pièce allégorique mécanique*, bouquet de 500 fusées, enfin embrasement du beffroi *(a)*. Hélas qui aurait pu présumer à ce moment dans les régions officielles, à l'hôtel-de-ville où tout était à la gloire et à l'espérance, que la RETRAITE EN MUSIQUE *annoncée au programme aurait été suivie, le 20 mai, par le Maire lui-même, organisateur de cette belle fête !!*

Comme nous venons de le dire, la population s'inquiétait et M. Haynaut résolut de rendre M. Dupuich à la vie privée. Après s'être assuré de la majorité des membres du Conseil municipal, il mit son projet à exécution le 20 mai 1888 *(b)*. Cependant une déception attendait M. Haynaut : personne ne voulut prendre la responsabilité de la situation des finances de la ville et il dut pousser le dévouement (?) jusqu'à ceindre l'écharpe de maire.

M. Haynaut conserva comme adjoints M. Mahieu-Sauvage et Deguisne. Dans cette même séance du 20 mai, M. Mahieu crut devoir faire parade devant ses collègues et le public qui se trouvait dans la tribune des violentes attaques dont il avait été l'objet pendant toute la période électorale, disant « *qu'il fallait l'unanimité des suffrages de ses collègues, pour le décider à rester adjoint, après* TOUTES LES AVANIES *qu'il a eu à subir depuis un mois* ». *(Revue Artésienne* du 25 mai 1888, compte-rendu de cette séance). M. Deguisne, plus digne, se contenta de remercier et d'accepter les fonctions d'adjoint.

(a) Programme de la Fête signé par le maire Oscar Dupuich.

(b) Cette séance mémorable fut une surprise pour tous, principalement pour M. Dupuich qui s'attendait à des éloges (*Revue Artésienne* du 25 mai).

Nous sommes loin de la séance du 11 août 1884 dans laquelle M. Dupuich, vivement félicité par ses collègues au sujet de sa bonne gestion financière et très sensible, dit le procès-verbal, à ces remerciements, en reporte modestement une bonne part sur ces mêmes collègues dont le concours et le dévouement, etc....!

Nous devons dire qu'à chaque élection depuis et avant 1878, M. Mahieu-Sauvage est pris à parti par ses adversaires et se trouve dans la nécessité de répondre dans les journaux et réunions électorales aux reproches qu'on lui adresse. S'il arrive toujours dernier élu en compagnie de M. Oscar Dupuich, c'est, explique-t-il, par suite de manœuvres déloyales d'adversaires profitant pour l'attaquer de l'obscurité de la nuit (*Petit Béthunois* des 8 mai 1884 et 2 mai 1888). Dans sa circulaire aux électeurs du 5 mai 1888, il s'attache à justifier ses actes d'homme privé et de commerçant vis-à-vis de ses collègues qui l'accusent de mettre à profit sa situation dans la municipalité. Le Conseil municipal du 26 du même mois (adresse aux électeurs) semble lui décerner les palmes du martyre tout en se séparant de lui (*a*), ce qui semble anormal.

Mieux conseillé et animé d'autres vues que son prédécesseur, M. Haynaut entra de plain-pied dans la voie de conciliation. Le 23 septembre 1888, il assiste à la fête du septième centenaire de la fondation de la Confrérie des Charitables et témoigne son regret de ce que cette illustration béthunoise, sous la crainte que lui inspirait la Trinité qui naguère encore présidait à l'olympe municipal, avait cru devoir prendre des mesures d'une prudence exagérée (*b*). Le nouveau Maire fit construire des dortoirs salubres pour les Sœurs de l'hospice ; enfin il présenta son compte administratif en déficit en attendant de pouvoir faire

(*a*) ...Des calomnies ont été répandues contre quelques-uns de nous, avec l'âpreté qu'inspire le souci exagéré des intérêts matériels ; vous les avez repoussées avec dédain. Vous vous êtes souvenus qu'associés par votre volonté à une œuvre commune... Vous avez décidé que vos élus étaient solidaires les uns des autres et que votre verdict ne devait pas séparer ceux que la communauté des efforts avait étroitement unis depuis dix ans. (*Adresse des nouveaux élus aux électeurs. — Délibération du 26 mai 1888*).

(*b*) *Journal de Béthune* du 14 octobre 1888.

équilibrer les dépenses avec les recettes. De plus, avec le prix de vente du terrain pour l'agrandissement de la prison, il remboursa en 1888, par anticipation, 50.000 francs sur l'emprunt fait pour le paiement des anciennes fortifications.

Nous devons dire à la louange de M. Haynaut et de son successeur M. Legillon *(a)*, qu'ils ont fait, sans trop réussir il est vrai, tous leurs efforts pour enrayer la marche trop rapide du char de la ville que l'impulsion précédemment donnée fait rouler dans l'abîme des emprunts. La pente est si douce et si agréable que nos inutiles récriminations finiraient par nous faire considérer comme un fâcheux trouble-fête ; du reste pourrions-nous, sans froisser de justes susceptibilités, demander la suppression des nombreuses sinécures dépendant de l'hôtel-de-ville ou même simplement la diminution des traitements trop élevés ? Montons donc avec les compagnons dans la barque administrative et laissons-nous glisser sur le fleuve de la vie dont les rives, dans la traversée de notre ville, sont fleuries et garnies de nombreuses fritures où l'on est servi par de jeunes personnes fort accueillantes *(b)*. Notre nautonnier saura-t-il éviter les écueils et les roches à fleur d'eau ?... C'est que les plus belles roses ont des épines ! .

Élections municipales du 1er mai 1892. — Nous ne pousserons donc pas plus loin cette étude locale mais, avant de la clore, nous mentionnerons pour mémoire

(a) M. Legillon a assumé la lourde tâche de mettre un peu d'ordre dans certains services municipaux, surtout pour la tranquillité de la rue et le relâchement des mœurs dans les cabarets borgnes qui pullulent. Nous avons mentionné précédemment son arrêté prononçant la dissolution de la musique municipale ; nous ne tarderons pas à parler de celui concernant la police des cabarets.

(b) Arrêté du Maire du 1er octobre 1897.

et en évitant sagement (a) de donner notre appréciation, certaines contestations qui se sont produites au cours des opérations électorales du 1er mai 1892.

Dans la matinée de cette élection, deux électeurs ont cru remarquer que leurs billets de vote n'avaient pas été mis dans l'urne par le membre du bureau

(a) En particulier nous ne pouvons assez recommander à nos amis la plus grande prudence pendant les opérations électorales, surtout qu'ils s'abstiennent de toute réclamation quoi qu'ils puissent remarquer. Rappelons à ce sujet la condamnation à cinquante francs d'amende de M. Reumaux, avoué à Béthune, pour observations, un peu vives il est vrai, faites à M. Mahieu-Sauvage, président intérimaire du bureau électoral le 1er août 1880 (*Jugement du tribunal de Béthune du 27 août 1880, confirmé en appel, — Petit Béthunois, 26 décembre même année).* Le texte de ces jugements a été reproduit dans les journaux de l'époque ; nos lecteurs peuvent s'y reporter ; nous nous contenterons, à titre de curiosité, d'y puiser un des considérants, le plus important selon nous, du jugement de Béthune, véritable base du procès et qui fut le pivot de l'instance en appel à Douai.

« *Attendu sur le deuxième chef, que* Reumaux a adressé les paroles suivantes au « Président du bureau électoral : *Je proteste de la façon la plus énergique contre la « manière indigne dont vous palpez depuis ce matin les bulletins de vote. C'est une « indignité* ».

« Attendu que l'inculpé a été admis en vertu de l'art. 20 de la loi du 26 mai « 1819, à faire la preuve du fait articulé par lui contre le sieur Mahieu, « en sa qualité de membre présidant le bureau électoral, que les témoignages « fournis à cet égard établissent qu'à maintes reprises dans la matinée et dans « l'après-midi, le sieur Mahieu a été vu palpant et dépliant les bulletins de vote « que lui remettaient les électeurs, de façon à reconnaître par ces manipulations la « nature du papier et à pénétrer le secret du vote ; que notamment un témoin « impatienté et mécontent de cette façon d'agir, lui en fit l'observation, insistant « pour qu'enfin son bulletin fut déposé dans l'urne.

« Attendu que ces dépositions nettes, précises, relatant des faits spéciaux et « déterminés émanants de témoins honorables, n'ont point été détruites par celles « d'autres témoins également honorables, mais déposant uniquement de ce fait « qu'en leur présence rien d'anormal ne s'était passé et qu'ils n'avaient pas vu le « Président palper les bulletins d'une façon fâcheuse ou contraire à ses devoirs...»

Dans les affaires les plus graves, il y a toujours un côté plaisant. Parmi les douze témoins de M. Mahieu, à côté des membres du bureau électoral, se trouvaient deux modestes mais bien intelligents employés de la Recette particulière des finances et de la sous-préfecture. Ces deux jeunes gens, après avoir songé au bien du pays, pensèrent à eux-mêmes. Dans une curieuse lettre insérée dans le *Petit Béthunois* du 29 août 1880, ils donnèrent à leur déposition toute la publicité possible ; *ils y affirment hautement leurs sympathies pour le Gouvernement de la République et leur profond respect pour l'homme éminent* (M. Mahieu) *qui a été comparé à un arbre placé au sommet d'une montagne, étendant autour de lui son bienfaisant ombrage.*

Une telle ardeur était naturellement pour nos jeunes concitoyens l'aurore d'un brillant avenir : l'un est depuis longtemps percepteur de 1re classe, l'autre fut un moment commissaire de police.

électoral chargé de le faire en l'absence du maire. Nous devons observer que, depuis 1878, époque où la scission entre les habitants de notre ville s'est accentuée, des réclamations en ce genre ont lieu à chaque élection et c'est avec raison que l'on n'y attache pas plus d'importance qu'elles méritent. Si nous relevons cette dernière, c'est qu'elle nous procure l'occasion de rappeler les incidents des opérations électorales du 1er août 1880. Au scrutin du 1er mai 1892, il est permis de penser que les deux électeurs en question, du reste très honorables, ont été induits en erreur par l'obscurité de la salle ; il est possible aussi que la prudente lenteur apportée par le président intérimaire pour faire concorder la mise dans l'urne du billet de vote, avec l'émargement sur la liste des électeurs, aura prêté à suppositions fâcheuses de la part de citoyens au caractère soupçonneux. Quoiqu'il en soit, comme le membre du Bureau électoral dont il s'agit, qui avait déjà figuré dans une semblable aventure, a cessé peu après cet évènement de s'occuper de la gestion des affaires de la commune, il ne nous paraît pas téméraire de penser que dès qu'il aura eu connaissance de ces suppositions, il ait jugé que les avantages que peuvent procurer les honneurs ne compensent pas toujours les désagréments d'être le sujet de polémiques publiques ne respectant pas souvent le domaine de la vie privée ni les voiles discrets de la famille.

Les fraudes électorales sont plus nombreuses qu'on le pense ; leur suppression est à l'ordre du jour des séances de la Chambre des députés (décembre 1901). Bien qu'il ne soit pas signalé depuis longtemps de faits frauduleux de cette nature dans notre ville, actuellement des citoyens délégués par les candidats et les comités à chaque élection, se relèvent d'heure en heure près de l'urne et exercent la plus grande surveillance sur les opérations électorales, afin de rendre la fraude, sinon impossible, du moins très difficile. Dans le but de venir en aide à cette surveillance dans les élections prochaines, nous avons étudié si le *coup du billet de vote* était facile à exécuter : rien n'est plus aisé pourvu qu'on le fasse le matin. Vous prenez le bulletin qui vous est présenté en ayant soin de le couvrir en partie des doigts ; vous en engagez l'extrémité dans l'ouverture de l'urne pendant que les assesseurs, qu'on peut laisser dans l'ignorance de cette manière d'opérer, cherchent le n° sous lequel l'électeur est inscrit et apposent leur paraphe en marge de la liste électorale. Entre temps il ne serait pas mal de détourner l'attention du votant par un bon mot facétieux à son adresse et, au moment opportun, vous frappez légèrement sur l'ouverture de l'urne, ce qui contribuerait à faire pénétrer le bulletin si vous n'aviez la précaution, avec le pouce, de le faire remonter dans l'intérieur de la main et ensuite dans une de vos nombreuses poches. De midi et demi à une heure, il ne se présente pas d'électeurs et, pendant que les assesseurs vérifient et contrôlent les émargements, il vous serait parfaitement loisible de glisser dans l'urne une centaine de bulletins bien pensants et convenablement rédigés. — Il résulte donc de nos observations que la surveillance, si l'on juge à propos de l'établir, doit s'exercer spécialement au moment de la mise du bulletin de vote dans l'urne, surtout de midi à deux heures.

Nous regrettons de terminer ces notes bien sommaires sur l'histoire de notre ville sous les temps modernes par une oraison funèbre qui pourrait faire croire à nos lecteurs que nous avons la pensée de les faire assister aux service de première classe, convoi et enterrement de l'administration municipale d'alors. C'est que les élections du 1er mai 1892 furent la mise au tombeau de cette association formée par MM. Oscar Dupuich et Mahieu-Sauvage, lesquels, malgré les témoignages de toute évidence du peu de confiance qu'avaient en eux les électeurs qui, à chaque élection, les classèrent constamment *bons derniers*, sûrent quand même se maintenir au pouvoir municipal pendant 14 ans. Etait-ce supériorité intellectuelle en leur faveur, ou insuffisance et négligence apportée par leurs collègues dans l'accomplissement du mandat qu'ils avaient reçu de leurs concitoyens ? Nous posons la question, c'est au lecteur de la résoudre. Sur 2502 électeurs inscrits, 1826 se présentèrent au scrutin du 1er mai 1892. M. Mahieu obtint 1095 voix, s'élevant ainsi au 16e rang des conseillers. Mais comme on s'y attendait, après les incidents survenus dans le cours des dernières réunions et opérations électorales, M. Mahieu déclara renoncer à se porter candidat aux fonctions d'adjoint au maire. *(Séance du 17 mai).*

M. Dupuich, ancien maire, simple conseiller municipal depuis 1888, n'ayant obtenu au premier tour de vote que 886 suffrages, est mis en ballottage ; il se hâte de retirer sa candidature au Conseil municipal.

M. Alfred Legillon est nommé maire de la ville de Béthune à l'unanimité des voix de ses collègues le 17 mai 1892 ; il fut le successeur direct de M. Haynaut qui, depuis son décès, n'avait pas été remplacé à la tête de la municipalité.

CONCLUSION

Vingt ans après

Tel un canal nouvellement creusé en pleine terre, dans lequel on laisse échapper, par des écluses largement ouvertes, les eaux d'une rivière, telle a été la physionomie de notre ville pendant la période mouvementée de son agrandissement et de sa transformation. A la mairie, durant ces temps d'agitation, rien n'est stable : les employés et fonctionnaires municipaux ne peuvent compter sur le pain du lendemain, l'un d'eux est remplacé par *un Belge*, un autre par *un Suisse*. La situation du Maire lui-même est précaire et parfois peu enviable ; le premier adjoint, abrité par son chef, profite plus que celui-ci des avantages que lui procurent ses fonctions. Nous avons vu avec quelle rapidité les Maires se succèdent à la tête de notre administration communale; M. Hurbiez, qui prend la place de M. Dellisse-Engrand, meurt d'une inflammation à la gorge moins d'un an après son élévation au pouvoir, et M. Oscar Dupuich lui succède. M. Haynaut rend dramatiquement ce dernier à la vie privée en 1888, mais il doit se dévouer, négliger sa clientèle pour assumer la charge de la première magistrature de notre ville. — Quatre ans après, les électeurs sanctionnent ce coup d'Etat en maintenant M. Haynaut à la mairie. Si nous passons aux adjoints, aujourd'hui M. Mahieu-Sauvage, — attaqué dans ses œuvres vives par la polémique acerbe des journaux, à l'occasion des élections de 1898, bien qu'il ait cessé en 1892 de faire partie de la municipalité. — M. Mahieu, disons-nous, n'attend pas les retours funestes de la fortune.

Il déclare renoncer à poser sa candidature au Conseil général, n'ayant plus qu'une chose à désirer, la tranquillité dans sa vie privée. Il est remplacé par M. Bar. Peu après il prend la même décision pour le Conseil municipal.

M. Legillon, le maire actuel, suit la ligne de conduite adoptée par son prédécesseur et ami M. Haynaut dans la voie de conciliation. Désireux de conduire à bonne fin les travaux communaux, il a choisi, pour ses deux adjoints, deux anciens conducteurs des Ponts-et-Chaussées, MM. Deguisne et Averlant.

Sous l'administration bienveillante de M. Legillon, petit à petit la fusion s'opère dans l'esprit des habitants anciens et nouveaux de notre ville; la Confrérie des Charitables dont le recrutement a lieu chaque année, n'est pas étrangère à cette transformation. De plus les électeurs, un moment égarés, comprennent qu'il est temps de réagir si l'on veut éviter la déconsidération et la ruine. La population paraît se ressaisir : le soir et le lendemain de l'élection du 31 juillet 1898, elle est descendue toute entière dans la rue, musique en tête *(a)*, pour protester, un peu trop énergiquement, nous regrettons de le dire, contre une campagne électorale trop licencieuse, parfois scandaleuse, organisée par certains journaux.

Nous comprenons très bien cette inquiétude de la population en présence de la ruine de nos marchés autrefois si fréquentés, et de la fermeture de nos grandes maisons de commerce succombant sous le poids des charges et des contributions *(b)*. Au moment où M. Dellisse-Engrand, débordé par la tactique peu scrupuleuse de ses adversaires, dut céder la présidence de la municipalité, la transformation de notre ville,

(a) Voir les journaux de l'époque.

(b) *Revue Artésienne* du 18 mars 1887.

heureusement pour elle, était un fait accompli ; son œuvre si parfaite était terminée, il ne restait que l'avenue de la Gare à construire. Il laissait à la ville pour plus de *deux millions* de propriétés et d'améliorations acquises ou réalisées pendant les seize années de son administration (*Revue Artésienne* du 17 mai 1878). Les dettes de la ville ne se composaient à cette époque que d'un emprunt de 24.000 fr. pour les chemins vicinaux et d'un autre de 286.500 francs ayant servi au paiement des anciens terrains militaires et à l'édification d'établissements d'utilité publique et de rapport. Parmi ces derniers, nous remarquons : l'abattoir qui a coûté 110.000 francs et donne un revenu annuel de 12.000 francs ; le Jardin public où la location des chaises pendant les concerts fournit, chaque année au budget, une recette de 700 francs ; le château d'eau.

Vingt ans après, en 1898, nous constatons avec une véritable stupeur que les emprunts contractés au nom de la ville sont arrivés au chiffre énorme de 750.733 francs, dont 426.733 fr. empruntés de 1880 à 1897; c'est-à-dire que, si la ville voulait se libérer complètement, elle aurait à payer avec les annuités 793.888 fr.

Les dépenses ordinaires se chiffraient au compte administratif de 1876 à 158.813 fr. 40 ; elles s'élèvent en 1897 à 257.734 fr. 72. Les droits d'octroi ont dû naturellement suivre la même progression et ont contribué par leur exagération, pour une bonne part, à faire fuir l'industrie prête à s'installer au milieu de nous ; citons entre autres l'*aciérie d'Isbergues* et une *usine de peignage et tissage (tissus, laine et coton)* annoncées par l'*Echo du Nord* et l'*Echo de Béthune* du 9 août 1885 *(a)*. Ces taxes et autres contributions aussi élevées qu'à Lille, empêchent le riche étranger de venir s'installer à Béthune ; l'habitant aisé

(a) Voir aussi *Journal de Béthune* du 6 mai 1888.

se retire pour la même cause dans les grands centres de population où les distractions sont plus nombreuses, les relations moins tendues, et où l'on est moins sujet à la médisance que dans les petites villes. De sorte que l'augmentation de la population portant seulement sur la classe ouvrière, elle devient une charge nouvelle pour nos établissements de bienfaisance et hospitaliers.

D'un autre côté c'est en vain que nous cherchons au budget de la commune les recettes produites par le demi-million si légèrement emprunté et dépensé depuis vingt ans par une administration imprévoyante ; *nous n'en trouvons* AUCUNE ! Ce que nous constatons, c'est que ces dépenses en ont nécessité d'autres très coûteuses d'entretien et de personnel, auxquelles il est impossible de faire face avec les recettes ordinaires actuelles, à telle fin que le 1er janvier 1899 il était devenu de toute nécessité de créer de nouvelles ressources en rétablissant l'impôt impopulaire sur le charbon, mesure qui a soulevé un tolle général de toute la population. Le parti socialiste, encore peu nombreux dans notre ville, mais soutenu et dirigé par un groupe de personnes riches, de plus possédant un organe public, la *Revue Artésienne* (fait qui ne laisse pas de causer à Béthune le plus grand étonnement), fit imprimer et distribuer une protestation contre cet impôt ; elle était conçue en ces termes :

LES ÉTRENNES MUNICIPALES

« Malgré les avertissements d'adversaires clair-
« voyants qui dénonçaient avec courage les gaspillages
« du Conseil municipal de Béthune, malgré les leçons
« du passé, la municipalité, aveuglée par son esprit
« de favoritisme et de coterie, a *rétabli l'impôt sur le*

« *charbon*.... Peuple prends acte de ces faits et ne te « laisse plus égarer par les déclarations de ces oppor- « tunistes avérés et tarés. On te trompe encore et « toujours ! Souviens-toi donc, aux prochaines élec- « tions, des *étrennes* de 1899 et venge-toi ; montre « donc ton âme et ta dignité. »

Aux élections municipales de 1900, les candidats de l'UNION RÉPUBLICAINE ET SOCIALISTE reprochent vivement « *la malheureuse gestion des finances municipales*, CETTE ORGIE DE GASPILLAGE QUI A CRÉÉ LE DÉFICIT ET GREVÉ LA VILLE DE DETTES ÉNORMES, POUR PLUS DE VINGT ANS » (*Revue Artésienne* du 13 mai 1900, *deuxième édition n°* 19).

C'est que nous sommes arrivés aujourd'hui au moment critique où l'on présente la carte à payer. — L'on s'est bien amusé, — hélas ! La minorité des électeurs contribuables est seule à plaindre. Cependant le cas, quoique très grave, n'est pas désespéré : c'est une simple indigestion dont les suites peuvent être à redouter mais ne sont pas irréparables. Tout a progressé dans les dépenses de la ville, jusqu'aux *frais curatifs des filles de mauvaise vie non domiciliées dans la commune :* portés à cinquante francs en 1877, ils sont évalués, en 1898, à *deux cent cinquante francs*. On a du reste vu petit à petit grossir le nombre des débitants de boissons peu scrupuleux sous le rapport des mœurs ; les cabarets à femmes ont pullulé à ce point que le scandale a motivé l'arrêté excessivement sévère de M. Legillon, maire, en date du 1er octobre 1897, réglementant le nombre et l'emploi des filles dans ces établissements. Cette ordonnance municipale, violemment attaquée par les intéressés et les adversaires politiques du Maire, a reçu depuis l'approbation des journaux de la région. *L'Echo du Nord* du 6 mai 1899 lui consacre un article spécial à l'occasion de l'arrêté en tout point semblable pris par le maire de

Lens, et d'un jugement du tribunal de Cambrai, concernant deux tenancières de cabarets bornes de Caudry. Dans cette dernière affaire, un docteur appelé en témoignage, a déclaré que ces deux cabarets lui avaient envoyé — à lui seul ! — soixante-quinze malades. Le cas n'était pas moins grave à Béthune où l'arrêté en question a été pris d'urgence sur l'avis des médecins.

Les débitants de boissons jouissent, depuis vingt ans, à Béthune, des plus grandes faveurs. N'a-t-on pas vu, sous les yeux du premier adjoint, à vingt-cinq mètres de son habitation, un cabaretier démolir l'arcade en grès de l'entrée de notre beffroi, de ce glorieux souvenir des efforts courageux et persévérants déployés par nos aïeux pour la conquête de nos libertés communales ! Depuis dix ans, cette entrée est recouverte d'une boiserie uniforme qui en fait, pour ainsi dire, en apparence, une dépendance du petit cabaret, sans qu'aucune contestation ne se soit élevée de la part de la municipalité, du service de la voirie et des nombreux agents de la ville !

Ce relâchement dans les mœurs n'a pas été sans avoir sa répercussion sur le goût artistique qui présidait, il y a vingt ans, au choix des pièces à représenter sur notre théâtre municipal. Si nous consultons son répertoire ordinaire, nous y voyons encore figurer et représenter : SA CROTTE ! ; COCHON... DE SOMMIER ; LA COURROIE ; LA MAISON DE RENDEZ-VOUS ; POUR UNE NUIT D'AMOUR ; ADÈLE EST GROSSE ; LA DAME PLOTÉE !! Il est vrai que la Direction ajoute sur ses affiches et circulaires, que « *par un scrupule exagéré, peut-être, elle prie les familles de n'amener aux représentations ni enfants ni jeunes filles* ».

Parlerons-nous de la conférence publique donnée dans la salle du théâtre municipal par la citoyenne

Séraphine Pajaud, ayant pour sujet : DIEU N'EST PAS ! — LA RÉVOLUTION EST PROCHE !

Il est temps de terminer cette courte notice qui blesse notre patriotisme et fait saigner notre cœur. Il a fallu l'insistance d'un grand nombre de nos concitoyens pour nous décider à rédiger, même à grands traits et avec les plus grands ménagements, l'histoire de notre ville sous la période de L'OCCUPATION ÉTRANGÈRE (1878-1888) durant laquelle notre hôtel-de-ville n'a pas toujours ressemblé à une maison de sages. Nous avons eu soin, à cause de leur excentricité, d'appuyer les faits cités de documents publics faciles à contrôler. Nous espérons que notre travail ne sera pas inutile et fera penser à donner enfin suite à des œuvres d'intérêt général et de sécurité publique abandonnées depuis 20 ans. Parmi ces projets qui attendent une solution, il en est un qui sollicite tout particulièrement notre attention.

Quelle est la personne qui ne soit pas hantée de la peur d'être enterrée vivante ? Qui peut certifier que ce malheur n'est pas arrivé à Béthune depuis vingt ans ! Cependant l'on abandonne au concierge du cimetière, pour son commerce de fleurs et de couronnes, le local édifié par M. Dellisse-Engrand pour servir de salles d'attente mortuaires et de dépôt des cadavres suspects, jusqu'à l'apparition *du seul signe certain de la mort*, c'est-à-dire de la décomposition ; jusqu'à ce que la mort ait signé elle-même, à l'encre noire ou bleue, son œuvre hideuse. Ces dépôts devaient avoir lieu lorsque le médecin hésiterait à délivrer le permis d'inhumation ou même simplement pour donner satisfaction aux craintes manifestées par les familles, sans aucun frais pour ces dernières. Le Maire ou l'administrateur qui fera donner à sa véritable destination ce beau bâtiment si bien distribué à cet effet, aura certainement droit à la reconnaissance de ses concitoyens.

Avant le baisser du rideau ! — Vingt ans après l'ouverture de ces *Mémoires*, au moment de les clore, nous nous demandons si nos concitoyens, dont nous nous sommes fait l'écho, n'ont pas été parfois un peu sévères dans leurs appréciations sur la valeur morale des personnages qui ont participé à la direction des affaires de la commune de 1878 à 1888, durant la période d'agrandissement de notre ville. Un fait peut nous le faire penser ; le Gouvernement a décerné à la plupart de nos conseillers municipaux de cette époque et leurs successeurs immédiats presque toutes les distinctions honorifiques dont il dispose. La *Croix belge du courage civique* vient compléter cet ensemble flatteur pour notre ville. Il nous eût été agréable de rappeler les motifs invoqués pour l'obtention de ces décorations, mais nous devons avouer à notre confusion que nous ne les connaissons pas. Il n'en est pas moins vrai que, sur vingt-trois conseillers municipaux, CINQ dont nous avons cité les noms, ont reçu la croix de CHEVALIER DE LA LÉGION D'HONNEUR ; DEUX ont été nommés CHEVALIERS DU MÉRITE AGRICOLE ; TROIS ont été décorés de la MÉDAILLE DE SAUVETAGE ; DIX portent le RUBAN ET LES PALMES ACADÉMIQUES ; cette dernière faveur a été également décernée à sept fonctionnaires municipaux.

Nous n'avons à déplorer, en vingt ans, que la chute à tout jamais regrettable de deux de nos édiles, lesquels, hâtons-nous de le dire, n'étaient pas natifs de notre ville ; l'un sortant de prison pour banqueroute, n'osa plus se présenter au milieu de ses collègues ; l'autre, accusé de vols et d'escroqueries, dut subir trois années de prison. (*Dépêche* du 8 décembre 1899 et *Petit Béthunois* du 10 du même mois).

A NOS CONCITOYENS

MORALITÉ. — Les habitants de Londres exigent de leur Lord-Maire qu'il possède dans sa famille une notoriété locale remontant à trois générations afin qu'il puisse se proclamer notable parmi les notables dans la cité. Grâce au Ciel, les qualités d'intelligence et d'intégrité font depuis assez longtemps partie de notre patrimoine local pour qu'on puisse se dispenser de chercher ailleurs les personnages dignes d'administrer chez nous les affaires publiques. *Chacun pour soi, chacun chez soi,* telle est encore pour les individus, la meilleure des devises. Puisse Béthune ne plus expérimenter à ses dépens combien toute autre serait funeste !

TABLE DES MATIÈRES

DE LA TROISIÈME PARTIE

GRAVURES : VUES ET PLANS

Première partie

Deuxième partie

Troisième partie

(1) Nous avons cru devoir, à titre simplement documentaire, placer ces gravures, extraites de journaux locaux, sous les yeux de nos lecteurs.

BÉTHUNE. — IMP. A. DAVID.

www.ingramcontent.com/pod-product-compliance
Ingram Content Group UK Ltd.
Pitfield, Milton Keynes, MK11 3LW, UK
UKHW021144220726
13924UKWH00003B/1006

9 782019 938130